A MELHOR TELEVISÃO DO MUNDO

MEUS TEMPOS DE GLOBO NA EUROPA

JOSÉ ROBERTO FILIPPELLI
COM A COLABORAÇÃO DE **MARY LOU PARIS**

A MELHOR TELEVISÃO DO MUNDO
MEUS TEMPOS DE GLOBO NA EUROPA

TN TERCEIRO NOME

À Eunice, minha grande e querida companheira de muitas décadas (*in memoriam*).

Às minhas filhas, Silvia, Juliana e Marina, fundamentais em minha vida.

Aos meus incríveis sete netos, Jack, Oscar, Nina, Oliver, Lucas, Max e Sofia.

Aos meus genros e grandes companheiros, Nicola e Petter.

AGRADECIMENTOS

À Mary Lou Paris, minha alegre e tenaz companheira, que me fez trabalhar duro para construir este livro nos meses de isolamento do novo coronavírus.

À paciente e fundamental colaboração de Antônio Torres, Dácio Nitrini, Eric Nepomuceno, Mario Prata, Peter Spink, Rubens Glasberg e Silio Boccanera, meus primeiros leitores. Eles me orientaram, estimularam e impediram que eu escrevesse muitas tolices.

À Fátima Alves, Liber Matteucci, Monica Carpi e Nelson Gomes, aos quais recorri inúmeras vezes para, juntos, nos lembrarmos de situações, nomes e datas. Eles me ajudaram a fazer o download de muitas memórias que estavam nas minhas "nuvens".

A João Carlos Magaldi (*in memoriam*), José Bonifácio Oliveira Sobrinho (Boni) e Octávio Florisbal, amigos desde muito antes da minha entrada na Globo, meu agradecimento público pelo grande apoio e ajuda que sempre me deram. Agradeço também a todos os companheiros da Globo que fizeram parte da história que conto neste livro.

Enfim, aos amigos que me estimularam no início da minha vida profissional. Foi o exemplo deles e a diversidade de seus estilos que me deram os alicerces sobre os quais fui moldando minha visão do mundo. Obrigado Carlito Maia, Hugo Maia, Jorge Simeira Jacob, José Leão de Carvalho, Luis Celso Piratininga, Luiz Del Nero Neto, Osvaldo Assef e Vitor D'Assunção.

❝ Uma televisão de sucesso deve olhar para o mercado interno. Refletir a cultura do seu povo. Refletir os feitos e defeitos da sua gente. Por isso, nós, suecos, temos certeza de que a nossa é a melhor televisão do mundo. Vocês devem pensar o mesmo da televisão brasileira. Acredito que todos pensam parecido no mundo todo. Menos, talvez, os britânicos, que, na sua eterna autoironia, devem achar que a BBC é a pior televisão do mundo.**❞**

HANNES OLJELUND, ENTÃO VICE-PRESIDENTE DA STV2, DA SUÉCIA, EM ENTREVISTA AO AUTOR EM JULHO DE 1993.

SUMÁRIO

O melhor vendedor ambulante do mundo - *Mario Prata* — 12

Fora dos planos: uma breve apresentação — 17

1. Glória Pires e a eleição de Boris Iéltsin — 23
2. O bate e volta — 35
3. Tempos de aprendizado — 47
4. Duas gafes e a primeira venda — 53
5. A novela abre passagem — 59
6. A Porta do Medo — 69
7. Negócio da China — 75
8. As viagens de Isaura — 91
9. *Welcome to London* — 103
10. Nova linguagem na televisão — 113
11. Na Europa as férias são uma coisa séria — 129
12. *Der Bestammer*, um enorme sucesso — 139
13. A terra quase tremeu aos meus pés — 157
14. O bem, o mal e o especial — 167
15. O canal a cabo chegou à França — 177
16. O mundo não é só a Europa — 185
17. O dia em que Roberto Marinho sumiu — 199
18. *The End* — 205

O MELHOR VENDEDOR AMBULANTE DO MUNDO
MARIO PRATA
JORNALISTA & ESCRITOR

Estava eu posto em sossego num barzinho em Troia (em Portugal, não na Grécia) num festival de cinema, quando vejo chegar um negro alto, bonito, com uma espalhafatosa bata africana tão colorida como a bandeira do seu país. Cores fortes, como o seu sorriso branco. No "com licença" já vi pelo sotaque que era de alguma ex-colônia portuguesa.

"Mario Prata, pois não?", disse-me. E se sentou. "Meu nome é Flora Gomes, sou de Guiné-Bissau. Sou diretor de cinema e televisão. Tu escreves para televisão, estou a saber."

E pediu um chope.

Resumindo, queria me levar ao país dele para escrever uma novela local para a televisão. Ele não tinha a menor noção do que era escrever uma novela, produzir, atores, cenários, nada.

"Mas por que você quer fazer uma novela no seu país?"

Ele foi rápido como a sua risada:

"Porque a minha mulher está a me perguntar se eu a acho brega ou chique!"

E rimos muito. Enquanto eu ria, pensava: "Filippelli!".

Coisas do Filippelli!!!

Trinta anos antes do meu encontro com Flora Gomes estava eu, com dezesseis anos, lendo alguma coisa na minha casa, em Lins, interior de São Paulo, quando toca o telefone. Atendo, pergunto quem fala, e era comigo mesmo.

Nos encontramos. Ele tinha 24 anos, sotaque de paulistano, estava de terno e gravata atrás de uma mesa nas lojas Arapuã, na "esquina do pecado", no centro da cidade.

"Vou fazer um jornal chamado *Jornal do Lar*, com 60 mil exemplares, para ser distribuído de graça."

"É doido", pensei. Lins devia ter 50 mil habitantes...

"Para ser distribuído em Lins, Araçatuba, Bauru e toda a região. A loja vai se expandir e queria que você escrevesse..."

Ele havia sido contratado em São Paulo para a tal expansão.

E expandiram para mais de duzentas lojas. Nem sei em quanto ficou a tiragem do nosso *Jornal do Lar*. Alguns milhões?

Coisas do Filippelli!

Quinze anos depois, em 1976, estou eu na sala do Boni, na Globo, esperando ele acabar uma ligação. Conversava com um tal de Filippelli. Quando desligou, ainda mandou um abraço para a Eunice.

"Desculpe a curiosidade, mas era o Zé Roberto?"

"Conhece? Tá em Roma."

"Conheço. De Lins."

"Então somos quatro aqui na sala. Você, o Filippelli, que está vendendo nossos programas na Europa, e o Mabe." (Havia uma tapeçaria do Manabu Mabe atrás dele.)

"Três", digo eu."

"Quatro", diz o Boni. "Estudei no IAL, Instituto Americano de Lins!"

Ele apertou o botão do interfone.

"Dona Ruth, me liga de novo para o Filippelli."

Coisas do Filippelli!!!

Em 2012, ele veio me visitar em Florianópolis. Comemoramos cinquenta anos de amizade.

E agora ele me liga dizendo que tinha escrito um livro chamado *A melhor televisão do mundo*. Queria que eu lesse. Ele está com oitenta e cacetada. Confesso que o título me assustou.

Dois dias depois eu já estava no meio do livro ainda não publicado, estupefato, boquiaberto e feliz! Que bom que o livro é bom! Que ótimo que é tão maravilhoso. Elogiei tanto que ele me ligou uns dias depois, rodeou, rodeou e me pediu para escrever o prefácio. Mal sabe ele que era tudo o que eu queria.

A ideia é a mais simples do mundo (do mundo, como o título): é ele, às vezes só, às vezes com a família, saracoteando pela Europa, Ásia, África, Oceania e o resto do mundo com latas de fitas de novelas debaixo do braço como um vendedor ambulante. As peripécias, os personagens envolvidos, BBC, RAI, China Films, televisões, políticos.

Suas três filhas crescendo de viagem a viagem, assim como sua conta bancária. Dizem que chegou a morar num castelo na Villa Borghese, em Roma. Consta.

Você vai se divertir muito.

Coisas do Filippelli!!!

Vai, vai ler! Vire a página e viaje!

FORA DOS PLANOS: UMA BREVE APRESENTAÇÃO

Trabalhei muitos anos em publicidade, mas esse não era exatamente o meu plano: eu queria ser jornalista e, com dezessete anos, participei de uma seleção para ser revisor nos *Diários Associados*. Fui o terceiro colocado, e existiam só duas vagas. Como o chefe de revisão gostou de mim, indicou-me para um lugar no departamento de publicidade enquanto eu esperava uma nova vaga. Quando ela surgiu, eu ganhava três vezes mais do que a revisão me oferecia e fiquei nos *Diários*, mas não na revisão, como planejara.

Dois anos depois, fui para uma agência de propaganda. Depois para outra, e outra, e outra, até montar minha própria agência em sociedade com Eunice, com quem eu tinha me casado e que também trabalhava numa agência. Não era meu plano ser dono de agência, mas agora tinha três filhas para cuidar e na publicidade fui ficando.

Tempos depois vendemos nossa agência, e por contrato eu deveria ficar um ano sem atuar na área de comunicação no Brasil. E nunca mais voltei para a publicidade, à qual sou grato por ter me proporcionado uma vida profissional intensa e financeiramente confortável, em que aprendi a identificar prioridades, a trabalhar de forma organizada, a planejar o futuro (dos clientes) e a conviver com figuras brilhantes e inquietas.

Como não podia atuar na área, fui para a Europa com a família imaginando passar um ano sabático e fiquei 24 anos, de 1975 a 1999, sendo os nove primeiros anos em Roma e os outros quinze em Londres. E foi nessas cidades que Eunice e eu criamos nossas filhas. Como só íamos permanecer um ano por lá, as crianças foram para uma escola inglesa, porque na volta ao Brasil seria mais útil elas terem aprendido inglês do que italiano. Mas não voltamos para o Brasil, como planejado. Acabamos indo morar em Londres, e minhas filhas completaram seus estudos na Inglaterra.

Quando já estávamos contando o dinheiro para ver quanto tempo mais poderíamos ficar, me telefonaram da Globo... onde acabei trabalhando 23 anos numa atividade que nunca nem imaginei existir. Jamais pensei ver de perto a evolução da televisão e a transformação de várias sociedades na Europa, na Ásia, na África e na Oceania. Foi uma experiência emocionante.

Como ouvi do Boni, superdiretor da Globo e um dos maiores nomes da televisão mundial, que "a televisão é um espelho que reflete a sociedade e nela se reflete", convenci-me de que não existe uma melhor televisão do mundo, mas que, conhecendo as televisões dos diferentes países, podemos entender um pouco a respeito de suas sociedades. E isso eu sempre tentava fazer quando viajava a trabalho.

Ao voltar para o Brasil, muitos amigos me perguntaram por que eu não escrevia um livro, já que tinha reunido tantas histórias incomuns nos anos em que vivi na Europa. Tanto insistiram que escrevi um esboço de quase cinquenta páginas e mostrei a algumas pessoas. Em geral, ouvia apenas que era um bom começo. Não desisti, mas não me sentia capaz de fazer o livro sozinho. O esboço ficou guardado, e muita coisa aconteceu de lá para cá. Morei no Rio, um tempo depois Eunice contraiu uma horrível doença neurológica progressiva e acabamos nos mudando para São Paulo, onde tínhamos parentes muito próximos e onde sua doença, infelizmente, ganhou a guerra.

Depois de algum tempo, me casei com Mary Lou Paris, que é editora de livros, vários deles vencedores de prêmios importantes. Mas em casa de ferreiro o espeto é de pau, e eu procurava alguém "fora de casa" para me ajudar, até que, em plena quarentena do coronavírus, perguntei a ela se não topava fazer o livro comigo. Como não tinha pensado nisso antes?

As histórias são minhas, mas o texto final foi feito a quatro mãos (três das quais são da Lou) e a organização geral é dela. E confesso que fiquei feliz de contar tantas das histórias que vi e vivi.

Quando me mudei para a Europa, em 1976, eu não me dava conta de que a televisão vivia na pré-história. A telinha tinha no máximo 21 polegadas. Não existia controle remoto e, para mudar de canal, era preciso ir até o móvel em que a tevê estava instalada para virar um botão chamado "seletor de canais". A televisão colorida só chegaria ao Brasil em 1972, quatro anos antes da minha viagem, e ainda assim de forma bem precária. Dá para imaginar o que era assistir a um programa em que as imagens eram formadas por 525 linhas? No começo era assim. E para melhorar a qualidade da imagem, enrolávamos um tufo de Bombril no topo das antenas que ficavam sobre os televisores. Achávamos isso tudo um progresso incrível!

Eu já tinha treze anos quando a TV Tupi foi inaugurada no Brasil, em 18 de setembro de 1950. Quando viajei para a Europa, 26 anos depois, já havia sete canais em São Paulo, todos abertos: as TVs Tupi, Globo, Record, Gazeta, SBT, Bandeirantes e Cultura. A quantidade de canais e seus números variavam de região para região.

A primeira novela a ser veiculada no Brasil foi *Sua Vida me Pertence*, em 1951, inaugurando o gênero. Escrita e dirigida por Walter

Forster, foi estrelada por ele e por Vida Alves, com a participação de Lima Duarte e Lia de Aguiar, entre outros poucos atores. A novela tinha quinze capítulos e ia ao ar às terças e quintas. Ao vivo e na raça!

O videoteipe só chegaria ao Brasil em 1959, possibilitando a gravação prévia dos programas. Até então, portanto, as novelas e os demais programas eram emitidos ao vivo, o que levava a uma boa dose de improvisação: às vezes, por exemplo, um ator esquecia a fala, um diretor entrava sem querer em cena, os atores que vinham do rádio – a maioria, no começo – erravam o tom da voz chegando a falar tão alto que assustavam os telespectadores.

Quando ainda se vivia na era dos primeiros aparelhos de televisão que chegaram ao Brasil, assistir a um programa era uma atividade coletiva. Nas lojas, as pessoas se aglomeravam do lado de fora para conhecer aquela novidade. Nas casas, a única televisão costumava ficar na sala, onde a família e os "televizinhos" se reuniam com direito a pipoca e outras delícias para assistirem juntos aos programas – ao contrário de hoje, quando é comum uma mesma família ter uma televisão em cada quarto da casa e cada um assistir seus programas solitariamente, além de também assistirem a televisão no *tablet*, no celular, no computador – e às vezes em todos esses ao mesmo tempo, com vários programas simultâneos.

Mais uma diferença: quando cheguei na Europa, quase todas as estações eram chamadas de televisões públicas, nos países de regime capitalista, e de televisões estatais, nos de regime socialista, ao contrário do que acontecia no Brasil, onde todas eram privadas e comerciais. Naquela época, a Globo já tinha lançado seus programas na América Latina e em Portugal com bastante sucesso, mas países do terceiro mundo, como o nosso, ainda não tentavam vender programas na Europa.

Naquela época, na Grã-Bretanha, além da BBC, que é pública, existia a ITV – Independent Television, uma concessão do governo formada por cerca de treze televisões regionais associadas, boa parte delas com programação e transmissão quase toda regional. A Thames Television, por exemplo, cobria a Grande Londres, enquanto a Scottish Television cobria a Escócia. Essas emissoras só entravam em cadeia nacional poucas horas por dia, apenas no principal telejornal ou em alguns programas, filmes e eventos especiais.

Na Holanda, havia dois canais. Ao comprar um aparelho de televisão, o cidadão aceitava pagar um imposto anual – mas ele podia escolher para qual emissora dirigir esse dinheiro, se para uma televisão socialista, religiosa, de variedades ou outra. Sete emissoras dividiam o espaço de apenas dois canais.

Na Itália, a RAI era monopolista e contava com três canais, todos estatais: a Rai 1, na qual os telejornais tinham orientação social-democrata; a Rai 2, de centro-esquerda; e a Rai 3, voltada para programações regionais, inclusive com programas em dialetos e línguas regionais. Mas, sorte minha: pouco depois de me mudar para a Itália começou um processo de abertura de televisões privadas que foi muito bom do ponto de vista do "negócio". Até deixar de ser... Esse processo de privatizações se seguiu na França, na Alemanha e na Espanha. Aí vieram as televisões pagas a cabo e satélite; os canais foram se segmentando por especialidades (música, esportes, turismo, variedades, culinária, infantil, etc.); veio o streaming... E as novidades não pararam mais, cada uma com suas consequências na mudança de hábitos do público.

Os profissionais também foram se transformando. Quando comecei a trabalhar na Europa, meus interlocutores eram formados em cinema, teatro, comunicação e outras áreas da cultura, e, como tudo era muito novo, aprendia-se experimentando, criando e dando vez à intuição. Com o tempo, essas pessoas foram se especializando e sendo substituídas por administradores, consultores e entendidos em números e planilhas, que muitas vezes nem sabiam o que era uma empresa de criação.

Trabalhei na Globo de 1977 a 1999 e, ao longo desses anos, reuni histórias que conto aqui, usando para isso da minha memória e da memória de amigos aos quais consultei. E a conclusão a que chego é que a melhor televisão do mundo é aquela que dialoga com seu público sobre seus próprios costumes, seu cotidiano, suas dificuldades e suas aspirações – é aquela com a qual você se identifica, sem excluir, é claro, os milhares de programas de outros países que nos conectam com o mundo.

JOSÉ ROBERTO FILIPPELLI
FEVEREIRO DE 2021

1.
GLÓRIA PIRES & A ELEIÇÃO DE BORIS IÉLTSIN

Digamos que já contei como tudo começou e que estou agora em 1988, em Moscou, na primeira das três viagens que fiz para a então capital soviética.

Nos bons tempos do socialismo – ou maus, conforme o ponto de vista –, a Globo vendeu muitos programas para o Leste Europeu quando a concorrência era pequena. O governo dos Estados Unidos tinha estabelecido um embargo dos seus produtos aos países do bloco socialista, e isso nos ofereceu uma ótima oportunidade para explorar esse grande território ávido por filmes e programas de ficção de qualidade. Os países comunistas pagavam pouco pelos direitos de exibição, mas isso não importava muito naquele momento: vender para a União Soviética e para países como Hungria e Polônia daria muito prestígio à Globo no cenário internacional. Além disso, os executivos das emissoras estatais desses países eram extremamente educados, cultos e afáveis, e a convivência com eles era sempre muito agradável. Para nossa sorte, eles tinham até um certo desprezo pelos programas norte-americanos.

Nessa primeira vez em que fui para lá, eu já trabalhava havia uns bons dez anos na Globo como responsável pelo escritório de vendas da emissora para a Europa (exceto Portugal), Ásia, África e Oceania – tinham sido oito anos de trabalho em Roma e agora eu estava sediado em Londres, onde fiquei outros quinze anos, sempre na Globo. Fui para Moscou a convite da Gosteleradio, a organização estatal que detinha o monopólio da televisão e do rádio da URSS, para participar do Teleforum – a feira das televisões dos países do bloco socialista, que acontecia uma vez por ano para a compra e troca de programas. O objetivo dessa feira era o mesmo das feiras mais conhecidas, de Cannes e dos Estados Unidos, só que era exclusiva para convidados principalmente das televisões de países socialistas e era bem menos charmosa e pretensiosa.

Nos outros mercados de que eu participava, os diretores soviéticos poucas vezes aceitavam nossos convites para visitar o estande da Globo. A exceção era justamente o diretor de relações internacionais da Gosteleradio. Seu nome é Eugeny e seu sobrenome sumiu da minha combalida memória. Ele não tinha poder de decisão nas compras da televisão soviética, mas era sempre visto em eventos aos quais também iam autoridades governamentais dos países ocidentais. Algumas vezes nos cruzávamos nos almoços oficiais, participávamos de um mesmo workshop e de coisas do tipo, e começamos a desenvolver uma boa relação, até que ele me convidou para participar do Teleforum.

Foi assim que cheguei a Moscou. Não vendi nada nessa viagem nem tinha esperança de vender a curto prazo. Mas conquistar o mercado soviético era um desafio pessoal, e, de qualquer modo, pude conhecer um pouco do mercado e das oportunidades que ele poderia oferecer para a Globo. Além disso, estreitei relações com executivos das televisões de muitos países socialistas que já eram nossos clientes e conheci distribuidores da Europa Ocidental que iam ao Teleforum para escolher programas produzidos na União Soviética.

Em especial, durante os quatro dias do Teleforum, iniciei uma sólida amizade com János Horvát, diretor da televisão estatal húngara; nós já nos conhecíamos de outros eventos e ele me apresentou a várias pessoas. Também reencontrei Dieter Kühnel, que se tornou meu grande amigo alemão. Dieter morava em Munique e trabalhava para a Beta Films, a maior distribuidora (quase monopolista) do mercado alemão, na qual era uma figura-chave, além de amigo pessoal do fundador e dono da Beta. Ele era um caçador de novidades e oportunidades para a empresa, e todos os anos comprava três ou quatro filmes soviéticos para exibir na Alemanha. Professor de história da arte e dedicado pesquisador da arte religiosa ortodoxa, era católico, liberal democrata e grande especialista em programas de música clássica e balé; ele também coproduzia documentários de arte com produtores russos, ucranianos e georgianos. E me apresentou a vários profissionais que no futuro abririam portas para mim.

Durante o Teleforum, depois do trabalho, Dieter e eu saíamos à noite para jantar nos restaurantes moscovitas mais exclusivos e sempre cheios. Para conseguirmos entrar, ele oferecia um maço de cigarros de marca norte-americana ao segurança da entrada. Lá dentro, usava outro maço para convencer o *maître* a nos achar uma boa mesa. Outros maços iam para conseguir um prato "esgotado" ou um espumante bom da Geórgia.

Uma noite, após o jantar, ele me levou a um hotel de arquitetura contemporânea, que na minha memória se chamava Hotel Nacional, para encontrar seus amigos dissidentes. Confesso que me deu um certo frio na barriga tomar vodca e comer grandes quantidades de caviar Beluga contrabandeadas ou aliviadas dos estoques oficiais na companhia dos dissidentes, ou seja, dos "inimigos do povo soviético". Pior, isso em plena capital do socialismo. Mas eu ia. Orientado por meu amigo, tratava de não beber demais e não retribuir os sorrisos de mulheres de fora do nosso grupo, além de jamais demonstrar ter dinheiro no bolso. Logo eu, que nunca tive vocação para James Bond!

Nessa viagem, e também nas outras em que estive em Moscou, sempre fiquei hospedado no Rossiya, um hotel gigantesco, de 3 mil quartos, que ficava perto da Praça Vermelha, estruturado e administrado de um jeito bem diferente dos hotéis do mundo capitalista. Parecia uma grande repartição pública. Para começar, assustava-me a ideia de que eu poderia me perder logo na entrada do enorme hotel – havia quatro entradas, todas iguais nos quatro lados do enorme prédio, e eu nunca sabia para que lado ir, já que as indicações eram todas em russo.

Lá dentro me intrigava a presença de umas mulheres robustas, com os cabelos presos na nuca, que ficavam sentadas numas mesas no corredor, aparentemente sem fazer nada. Eu não conseguia entender qual era a delas. Mas, no dia em que eu ia voltar para casa, uma delas falou comigo num inglês difícil de entender. Ela sabia muito bem o meu nome e me lembrou, de forma enérgica, que eu precisava pagar a conta antes de sair. Ela e suas colegas controlavam tudo. Entre nós, as chamávamos carinhosamente de "as meninas da KGB".

O café da manhã no hotel também tinha suas peculiaridades. Havia sempre uma fila imensa para entrar na área onde era servido; enquanto eu estava na fila, via as coisas que queria comer simplesmente irem sumindo das prateleiras. E não tinha o que fazer, era preciso esperar! Nunca consegui ficar em outro hotel, porque quem decidia onde eu me hospedaria era a Gosteleradio.

No ano seguinte, fiz minha segunda viagem a Moscou, também para participar do Teleforum. Dessa vez levei minha assistente, Maria Ignes Alvares, uma argentina jovem, mas experiente, que já tinha morado em Washington e trabalhado nas Nações Unidas. Nos meus planos, a missão da Maria Ignes era ingrata. Ela deveria pesquisar programas de produção soviética para uma muito improvável compra de direitos para o Brasil. Ela se empenhou seriamente em achar alguma coisa adequada à grade de programação da Globo, mas a parada era dura porque, ao contrário do cinema soviético, a televisão tinha um nível técnico muito baixo. O ritmo dos programas era lento demais, os temas eram pouco interessantes, os cenários, toscos, e a iluminação, descuidada. Mesmo assim, os soviéticos acreditavam que sua televisão era a melhor do mundo.

Nessa época, o secretário-geral do Comitê Central do Partido Comunista era Mikhail Gorbatchov, que liderou a União Soviética de 1985 a 1991. Eram tempos da *perestroika* e da *glasnost*, e o país procurava se modernizar e ampliar suas relações comerciais e culturais com os países ocidentais. Como todos os delegados participantes da feira, Maria Ignes e eu fomos convidados a um coquetel de gala no enorme salão principal da sede da Gosteleradio. E lá estávamos, eu anônimo até então, quando ouvi alguém me chamar em voz bem alta e um inequívoco sotaque russo: "Filipielhiiii... *my dear friend*...". Era Eugeny, o diretor de relações internacionais da Gosteleradio.

Ele, sempre de terno azul-marinho com risca-de-giz, estava no meio daquele enorme salão e começou a caminhar na minha direção de braços abertos. Todo mundo me olhando! Fiquei corado como uma donzela. Constrangido, também caminhei na direção dele, que me deu um abraço apertado enquanto falava muito alto comigo numa mistura de russo com inglês. Eugeny era bem mais alto do que eu, e o abraço foi tão apertado que enfiei meu nariz na altura do seu ombro direito. Com muita simpatia, passamos a chamá-lo de camarada Caspov.

Naquele instante, a "delegação" da Globo – ou seja, Maria Ignes e eu – passou de simples participante a convidada especial. "Você é nosso convidado de honra, fazemos questão de pagar toda a estadia de vocês" – e nos deu uma grande notícia, que caiu como uma bomba maravilhosa no meio do salão. Ele nos contou que o então presidente José Sarney, "seu presidente, que eu soube que é um poeta", havia confirmado um encontro com Gorbatchov em Moscou, e eles queriam aproveitar a oportunidade para desenvolver um grande plano de divulgação para valorizar essa reunião histórica. "Queremos comprar *Escrava Isaura* e mais uma boa quantidade de musicais, documentários e telefilmes brasileiros." Que bom, de repente descobriram que precisavam de programas brasileiros, e eu estava lá exatamente para atendê-los.

Eugeny nos conduziu a uma sala ao lado e nos apresentou a Wladimir Popov, presidente da Gosteleradio e vice-ministro da

Cultura da União Soviética. Popov era um grandalhão simpático, com cara de criança feliz. Foi logo dizendo, como diziam todos os executivos de estatais socialistas, que, "mesmo seguindo ideologias diferentes, os povos dos dois países aspiram à paz, à independência e à prosperidade, e por isso devemos superar as barreiras ideológicas e nos unir para desenvolver projetos comuns etc. etc.". Ele foi hábil, não falou em "liberdade", coisa que ainda engatinhava tanto no Brasil como na URSS, e confirmou que queriam organizar uma Semana da Televisão Brasileira para ser exibida como parte da promoção da visita de Sarney a Moscou. Era bom demais para ser verdade.

Popov estabeleceu como contrapartida a exibição de uma Semana da Televisão Soviética na Globo. Estávamos vendendo umas cinquenta horas e comprando sete. Nada mau para começar. Logo pensei no Boni: ele iria aceitar exibir programas de tão baixa qualidade na nossa televisão? Também lembrei que, um dia antes, nosso embaixador, Ronaldo Sardenberg, havia oferecido um jantar na embaixada em que Maria Ignes e eu estávamos entre os convidados. Durante o jantar, ele comentou que era muito difícil vender para a Rússia. "Não sei quando, mas um dia vamos vender, sim", eu disse! E, no dia seguinte, vendemos. Logo dei a notícia ao embaixador Sardenberg, que ficou exultante. Os embaixadores gostavam quando a Globo vendia no território deles, pois o sucesso das novelas no fundo lhes dava certo prestígio e até virava assunto nos frequentes encontros diplomáticos.

Mas eu tinha dúvidas sobre o sucesso das novelas na União Soviética. Lá, os programas estrangeiros não eram nem dublados, nem legendados: eram narrados, como nos documentários. Daria certo? Sim, deu tão certo que esse foi apenas o início de uma longa parceria que não se desfez nem com a mudança do regime político deles, em 1991. A partir dessa venda, primeiro a União Soviética e depois a Rússia seriam clientes fiéis e até pelo menos um tempo depois que saí da Globo, em 1999, comprariam duas, três novelas todo ano. Entre as que compraram estavam *Mulheres de Areia* e *A Próxima Vítima,* cujo sucesso foi tão estrondoso que até interferiram nas eleições para a presidência do país, conforme vou contar daqui a pouco.

Como em todos os congressos, o Teleforum também organizava passeios aos pontos turísticos famosos da cidade, e num desses dias fomos visitar os jardins internos do Kremlin, sede do então governo soviético e agora russo, e a Praça Vermelha, onde está o mausoléu de Lênin. É uma praça enorme, rodeada por fantásticos exemplares da arquitetura clássica russa, incluindo o prédio da GUM, uma grande loja de departamentos – a única de Moscou na época.

A GUM ainda existe; o edifício foi majestosamente restaurado e hoje é um luxuoso shopping. Mas nos anos 1980 a GUM nada tinha a ver com as lojas de departamentos do mundo ocidental, ela mais parecia um bazar oriental. Só para dar um exemplo: havia uma área de venda de calçados, com dois vendedores atrás do balcão e duas filas grandes para comprar os sapatos – uma para os homens e outra para as mulheres. As pessoas ficavam na fila, pagavam e recebiam um par de sapatos – sem escolher modelo, número, cor, nada. Aí pegavam aqueles sapatos e iam para o outro lado do corredor, onde havia um mercado informal em que os clientes trocavam entre si os sapatos pela numeração que buscavam, sem se importar com a cor ou o estilo. Eu ficava boquiaberto, e a Maria Ignes, ferrenha defensora da União Soviética, achava tudo aquilo de uma pureza e de uma simplicidade comoventes. E era mesmo.

Também nos levaram para conhecer a Feira Soviética, onde se podia ver de tudo o que era produzido nas Repúblicas Socialistas: do foguete espacial Sputnik original a uma fazenda de gado tipicamente georgiana. E fomos ao Circo de Moscou, onde deram a todos nós, delegados do Teleforum, lugares de honra nas primeiras fileiras.

A culinária local também foi um ponto alto da viagem, em especial o almoço oferecido por Nazin, então diretor da Gosteleradio responsável pela América Latina e cujo sobrenome também foge da minha memória. Ele levou a "delegação brasileira" para conhecer a comida de Baku, capital do Azerbaijão, sua terra natal. Chegamos ao restaurante, também chamado Baku, à uma hora. Era um espaço grande e bonito, mas, inexplicavelmente, ninguém vinha nos atender. Que fome! Por que seria? Nosso anfitrião nos explicou: o governo Gorbatchov, para controlar o excessivo consumo de bebidas no país, havia baixado um decreto proibindo a venda de bebidas alcoólicas antes das duas da tarde. Qual foi a solução encontrada pelos russos? Chegar cedo aos restaurantes para garantir um lugar à mesa, mas almoçar apenas a partir das duas da tarde para poder beber vodca à vontade.

O almoço foi uma delícia. A entrada era um caldo leve e transparente, com uma bola de carne quase do tamanho de uma bola de tênis, provavelmente de carne de carneiro, cheia de essências, um sabor maravilhoso. Você tomava o caldo e depois comia a carne. E bebia vodca! Havia uma garrafa de vodca em cada mesa.

Na minha segunda viagem, cheguei a Moscou na manhã de um domingo de verão e fui recebido por Nazin no saguão do aeroporto. "Trabalhando num domingo, Nazin?" Ele abriu um largo sorriso e me abraçou: "Se estivesse trabalhando estaria usando gravata. Vim receber meu amigo brasileiro e treinar meu português". Ele não precisava treinar. Só se percebia que não era brasileiro porque não usava gíria nem dava tapinhas nas costas ou falava alto.

Eu me surpreendi quando vi o céu azul e o sol sobre as árvores cheias de folhas à beira da estrada que nos levava até a cidade. Era a primeira vez que visitava Moscou no verão. Da outra vez só se via o esqueleto das árvores sem folhas e o céu cinzento. À medida que nos aproximávamos da cidade, surgiam campos de futebol com gente animada, que corria e gritava pedindo bola. Mais à frente vimos branquelas e branquelos em roupa de banho saltando numa piscina enorme. Todos de touca azul na cabeça.

Depois, despontou do meu lado esquerdo um imenso parque de diversões com todos os brinquedos que um parque dessestem: roda-gigante, carrinhos de bate-bate, montanha-russa, estande de tiro e... peraí, montanha-russa? "Nazin, como se chama aquele brinquedo, aquele maior, com uma espécie de trenzinho correndo, subindo e descendo a toda a velocidade?" "Aquele grandão? Deixe-me pensar para traduzir. Ah! montanha-americana." Hahaha, eu tive essa intuição. Nazin achou graça que no Brasil se chamasse montanha-russa. Ele e eu tentamos animadamente sugerir razões para isso, mas não encontramos. Pensamos na Guerra Fria, na má vontade que existe entre a Rússia, a mais importante das Repúblicas Socialistas, e os norte-americanos. Mas nada disso fazia sentido. Aí mudamos de assunto. Começávamos a entrar em Moscou, e Nazin queria me mostrar as novidades da cidade.

Fiz uma terceira viagem a Moscou, dessa vez com Eunice, minha mulher, e com Mário Lúcio Vaz, então diretor artístico e de produção da Globo, que devia selecionar os programas para a Semana da Televisão Soviética, conforme decidido no Teleforum.

Mário Lúcio nos encontrou em Londres e viajamos juntos para Moscou. Ele sempre andava vestido de roupa branca da cabeça aos pés por causa de uma promessa e não falava nenhum idioma além do português. Íamos juntos a todos os lugares. Como das outras vezes, ficamos no mesmo enorme Hotel Rossiya. Eu me lembrei do problema da fila do café da manhã e resolvi que compraria a comida no dia anterior, num quiosque que ficava ali perto. E levei de Londres uma pequena chaleira elétrica para esquentar água para o café. Ela foi muito útil: fizemos o café da manhã no nosso quarto, convidamos Mário Lúcio, sempre de branco e com cara de paquistanês, até que a chaleira elétrica queimou e tivemos que entrar na fila da comida do mesmo jeito.

Mário Lúcio contou com a ajuda de Yuri, um funcionário da televisão soviética que falava ótimo português, para ajudá-lo em tudo que precisasse. Enquanto ele e Yuri ficavam vendo as projeções dos programas russos, Eunice e eu saíamos para passear. Eu a levei à GUM. Naquela época, a Marina, nossa filha mais nova, colecionava estojos escolares, e achamos uma seção na GUM com lindos estojos de madeira. Estávamos na fila para pagar e de vez em quando, sem a menor cerimônia, alguém entrava na nossa frente, furando a fila. Eunice foi ficando brava e começou a brigar: "Na minha frente nããããão". E assim conseguiu defender os nossos direitos.

Juntos, Eunice, Mário Lúcio e eu também fomos a São Petersburgo, a bela cidade russa que naquela época se chamava Leningrado, em homenagem a Lênin, o político, teórico e revolucionário comunista que foi chefe de governo de 1917 a 1924. Mas eu, muito cabeçudo, não quis contratar uma agência para organizar nossas visitas – e só depois descobri que os soviéticos privilegiavam os grandes grupos de visitantes e não as pessoas que iam por conta própria. Veja só, nós entrávamos numa fila, chegava uma delegação com cinquenta pessoas e logo éramos passados para trás. Na verdade, eles tinham razão: o coletivo é mais importante do que o individual. Também acho, só não estava acostumado.

Foi assim que na Praça Vermelha, em Moscou, não conseguimos chegar ao túmulo de Lênin, pois a fila não andava. E em São Petersburgo não pudemos entrar no Hermitage, o museu espetacular que abriga um dos maiores e melhores acervos de impressionistas do mundo. Por dentro, só conseguimos ver as igrejas. Mas passeamos pela cidade, que é de uma beleza estonteante. Nosso hotel ficava fora do centro, e íamos a toda parte de metrô. Sem entender o que estava escrito, contávamos nos dedos o número de estações para descer sem nos perder.

Nós nos separamos no aeroporto de São Petersburgo – Mário Lúcio foi para Helsinque e nós, para Londres. Foi minha última viagem para lá, mas os espectadores soviéticos gostaram tanto das nossas novelas que, como mencionei, as relações comerciais com a Globo permaneceram mesmo quando a União Soviética deixou de existir, em 1991, e suas repúblicas, como a Ucrânia, a Rússia, a Geórgia e todas as outras se tornaram independentes.

E de tanto gostarem das nossas novelas, veja o que aconteceu com *Mulheres de Areia* e *A Próxima Vítima* na eleição e, depois, reeleição de Boris Iéltsin à presidência da República Federativa Russa.

Em *Mulheres de Areia*, de Ivani Ribeiro, Glória Pires fazia dois papéis – o de duas irmãs, uma boa e outra má, que usavam roupas e penteados diferentes – e mudava a expressão corporal de uma para outra de maneira brilhante. A novela foi uma das que alcançou maior sucesso em terras russas e seu auge coincidiu com a eleição que tornou Boris Iéltsin presidente da Rússia, em 1991. Um dia, um jornal russo procurou Glória para entrevistá-la. Ela, por sua vez, procurou Geraldo Casé, então diretor artístico da Divisão de Vendas Internacionais da Globo. Casé me telefonou, e depois de conversarmos consultei a emissora russa, que confirmou seu grande interesse pela entrevista – seria muito bom para divulgar a novela. Até aí, tudo normal.

Eles mandaram um questionário, que Glória respondeu e devolveu. O que não sabíamos é que o jornal estava totalmente engajado na campanha para a eleição de Iéltsin e que as palavras de Glória seriam completamente distorcidas. A matéria abria – com enorme destaque – assim: "Se pudesse, Glória Pires votaria em Iéltsin". E seguia dizendo: "Tenho inveja do povo russo, que pode votar num democrata, realizador...". Coisas que evidentemente não foram ditas por Glória, que ficou indignada, quis até mover uma ação judicial contra a Rússia e acabou ganhando mais de um minuto no *Jornal Nacional* para denunciar a campanha e desmentir as notícias publicadas no jornal russo. A história teve muita repercussão, o que mostra como a audiência das novelas brasileiras era grande naquele país, a ponto de se ter recorrido a um artifício como esse numa campanha eleitoral.

Mas não parou aí. Tempos depois, na campanha pela reeleição de Iéltsin, a novela em destaque na Rússia era *A Próxima Vítima*, de Silvio de Abreu. As pesquisas eleitorais indicavam que Iéltsin ganharia folgado nas grandes cidades, mas perderia feio no interior do país. Naquele tempo, muitas pessoas tinham suas *dachas*, casas de campo, onde passavam os feriados e fins de semana. Só que nem todas as *dachas* tinham energia elétrica, o que impedia que se assistisse televisão. Como dia de eleição era considerado feriado e cairia perto de um fim de semana, havia uma boa possibilidade de os eleitores fazerem uma "ponte" para viajar, deixando de votar. Os consultores norte-americanos que assessoravam a campanha de Iéltsin perceberam a necessidade imperiosa de manter os eleitores nas grandes cidades.

Dado o enorme sucesso que *A Próxima Vítima* estava fazendo na Rússia, a campanha de Iéltsin decidiu usar a novela como peça importante do final da campanha eleitoral para segurar o eleitor nas maiores cidades. O canal divulgou bombasticamente que iria exibir vários capítulos por dia durante o feriadão. Mais: deu a entender que a novela terminaria no último dia dos feriados.

Havia correspondentes de jornais de todo o mundo cobrindo as eleições russas, e eles acompanharam, incrédulos, esse fenômeno. Todos os seus jornais noticiaram a manobra. *The Next Victim* alcançou, assim, a primeira página até do *New York Times*.

Agora vamos voltar no tempo e contar como começou esse negócio todo de a Globo vender novelas e outros programas mundo afora.

2.
O BATE E VOLTA

Desde 1972, Eunice e eu tínhamos uma pequena e muito rentável agência de publicidade em São Paulo, mas estávamos diante de um dilema: crescer ou perder nossos principais clientes, que expandiam seus negócios e nos demandavam a ampliação dos nossos serviços. Eu não tenho e nunca tive a ambição de ser um grande empresário. Para crescer seria preciso ampliar o escritório, contratar mais gente e, sobretudo, conseguir mais clientes. Sem interesse nisso nem disposição e menos ainda a certeza de ser capaz dessa coisa toda, escolhemos uma terceira via e decidimos vender a AC, nossa agência.

A venda surgiu de uma conversa à beira da piscina com meu amigo Octávio Florisbal, então diretor de mídia da Lintas Internacional, uma multinacional ligada à Unilever. Ele me contou que a Lintas tinha planos de criar uma segunda agência de publicidade – quem sabe, comprar uma empresa tão enxuta e rentável quanto a nossa seria uma boa oportunidade para eles. E para nós, evidentemente.

Octávio me pôs em contato com o presidente da Lintas, Carlos Alberto do Carmo, que em pouco tempo se decidiu pela compra. Negociamos o preço e as condições: eu deveria ficar um ano trabalhando para eles para "passar o ponto" e depois, como é comum na venda de empresas de serviços, eu me obrigaria a não exercer nenhuma atividade no mesmo setor, no mesmo território, por algum tempo. E foi assim que acertamos. Meu contrato com a Lintas me impediria de trabalhar em publicidade no Brasil por um ano.

Não me importei porque, naquele momento, conseguir um bom emprego era relativamente fácil. Também estava cansado de viver no Brasil sob a ditadura militar. Queria dar a mim mesmo, à minha mulher e às minhas filhas a oportunidade de viver num lugar em que pudéssemos respirar um ar mais saudável, com mais liberdade, e onde pudéssemos expressar nossas opiniões sobre o que quer que fosse.

A ideia de sair do Brasil tinha surgido alguns anos antes, quando, sem nunca haver militado politicamente, fui preso pela tenebrosa Operação Bandeirante, órgão repressor da ditadura. Durante o – felizmente – curto período de prisão, nunca tive acesso a um advogado que me defendesse e fui submetido a todo o tipo de arbitrariedades. Fiquei numa cela com vários outros presos atônitos e indignados como eu. Quando vendemos a AC, vi a possibilidade de passar um tempo num ambiente mais saudável.

Decidimos ir para a Europa com nossas três filhas, então com 7, 5 e 2 anos. Escolhemos começar por Barcelona, onde morava nosso amigo Carlos Knapp, um dos exilados políticos brasileiros mais bem-sucedidos da Espanha e de quem eu tinha sido sócio numa agência em São Paulo.

Quando eu limpava minhas gavetas para ir embora, Guga de Oliveira, dono da Blimp Filmes e irmão do Boni, então diretor da Globo, me fez uma proposta de parceria. Nós nos conhecíamos desde 1962, quando dividimos uma sala na agência de publicidade J. W. Thompson, onde eu era assistente de contato da São Paulo Alpargatas, fabricante de calças jeans e dos sapatos Sete Vidas. A Alpargatas patrocinava um programa na TV Record chamado *Turma dos Sete*, para o qual Guga escrevia os scripts dos "comerciais ao vivo".

Naquela época, não nos dávamos conta, mas a televisão ainda era um veículo de comunicação bastante rudimentar. A produção dos filmes comerciais era muito cara e demorada, e as alternativas eram usar slides, com imagens paradas, ou recorrer aos comerciais ao vivo, de baixo custo e fácil execução. O videoteipe ainda não tinha sido inventado. Bastavam, assim, um bom script para ser lido por uma linda apresentadora (as famosas garotas-propaganda da época) e o produto a ser anunciado. Tudo ao vivo e em preto e branco!

Guga escrevia esses comerciais e eu os levava diariamente aos estúdios da Record de São Paulo, perto do aeroporto de Congonhas, para que as apresentadoras decorassem e ensaiassem o texto antes de o comercial entrar no ar nos intervalos da programação – e acontecessem um dos vários foras dessas entradas ao vivo: eu mesmo vi uma vez a garota-propaganda anunciar as maravilhas do novo liquidificador Walita "com três velocidades para você preparar um delicioso suco de frutas com todo o conforto. Basta apertar este botão e... e..." e nada de o aparelho funcionar. Isso no ar! Todo mundo adorava ver esses comerciais. Era quase tão emocionante quanto ver trapezistas num circo, sempre com o risco de algo dar errado.

Enfim, os anos se passaram, os empregos mudaram, Guga se tornou um grande produtor de comerciais de TV e montou a sua própria empresa, a Blimp Filmes. Com toda sua competência profissional, ele produziu uma série de episódios, agora já em cores, para o *Globo Repórter*, o melhor programa de documentários então feito no Brasil para a televisão. A atração existe até hoje na Globo. Quando ele soube que eu ia para a Europa, propôs que eu levasse os documentários para oferecê-los às emissoras de lá. "Vamos ficar ricos de tanto vender", disse-me. Topei. Passei cerca de um mês dentro da Blimp acompanhando a montagem de um trailer com trechos de vários episódios da série – escolhemos dezesseis temas para montar um mostruário, além de dois documentários completos que levei naquelas "latas" que se usavam antigamente para armazenar filmes.

Assim, em 1975, Eunice, nossas filhas, Silvia, Juliana e Marina, e eu partimos para a Europa, começando nossa estadia por Barcelona.

O generalíssimo Francisco Franco, feroz ditador espanhol, havia morrido poucos meses antes da nossa chegada, e Barcelona fervia política e culturalmente. As transformações eram imensas e visíveis até para nós, recém-chegados. Os catalães explodiam de alegria com a liberdade que começavam a conquistar. A Espanha tinha voltado ao regime monárquico democrático e parlamentar com o rei Juan Carlos I e o governo de transição de Alfonso Suárez.

No tempo de Franco, a cultura e os idiomas regionais, como o catalão, o basco e o galego, tinham sido banidos, e só voltaram a ser permitidos em público depois da morte do generalíssimo. Em Barcelona, começavam a surgir cartazes, filmes, documentários e peças de teatro escritos ou falados em catalão, e até um grande jornal diário, o *Avui*, era totalmente escrito na língua local. As festas e danças tradicionais, como a sardana, ressurgiam nas praças da cidade – e era muito bonito ver os velhos ensinando os jovens e as crianças a dançar em círculo e de mãos dadas no meio da praça, ao som metálico de pequenas bandas musicais. No início, a polícia ainda tentava impedir que o povo dançasse nas ruas, mas aos poucos desistiu.

E nós lá, vendo e participando dessa renovação. Adoramos a cidade! Decidimos alugar por três meses um pequeno apartamento, e só conseguimos numa cidadezinha na praia, perto de Barcelona, chamada Castelldefels. Era um lugar feio, de turismo barato, que hoje é um balneário grã-fino, cheio de novos-ricos, e é onde moram, ou moraram, os grandes craques do Barcelona, como Messi e Ronaldinho. Alugamos lá porque não conseguimos achar nada em Barcelona – naquela época não existia o hábito de alugar imóveis por temporada, como no Airbnb, exceto na praia, onde o inverno deixava vários apartamentos vazios.

Carlos Knapp e alguns sócios haviam montado uma agência de publicidade muito criativa em Barcelona, e um dia combinamos que eu mostraria a eles alguns dos trailers do *Globo Repórter* que tinha levado. Ivan Negro Isola, que morava em Roma e estava em Barcelona visitando Carlos, foi também. Todos deram palpites sobre os filmes, mas Ivan – que, quando voltou ao Brasil, foi diretor do Museu da Imagem e do Som de São Paulo – ficou numa animação total e sugeriu que eu fosse com ele para Roma, porque tinha certeza de que eu conseguiria vender os documentários para a RAI – a estatal Radiotelevisione Italiana, onde ele conhecia muita gente. Ivan agendou uma reunião, e Eunice e eu fomos à exuberante Roma, deixando nossas meninas aos cuidados de Carlos e Eliane, sua doce companheira. Fico pensando que nunca agradeci o suficiente a ajuda do casal.

Ivan achava que em três dias resolveríamos a parada. Muito otimismo. As coisas não eram tão fáceis. Mas ficamos tão encantados com a cidade que decidimos que Roma seria o lugar para morar.

Estávamos hospedados na casa de Marco Antonio de Rezende, jornalista amigo dos tempos de São Paulo e então correspondente da revista *Veja*, e, com ele, olhando os classificados do jornal *Il Messaggero*, vimos o anúncio de uma casinha muito charmosa numa área residencial nos limites do centro histórico da cidade. Ficava no bairro do Aventino, uma das sete colinas de Roma, de onde se podia ir a pé ao Coliseu, às Termas de Caracala e às ruas estreitas e sinuosas da cidade eterna.

Marcamos para ver o imóvel levando conosco a jovem e bela Gina, uma brasileira amiga do Marco. Ela se vestiu de executiva chique e foi nossa intérprete. Gostamos da casa, já mobiliada. Para minha surpresa, a proprietária nos aprovou na hora, sem pedir documentos, depósito, nada. Mais tarde concluímos que, para nossa sorte, ela pode ter feito confusão e suposto que eu era da Embaixada do Brasil e que Gina era minha secretária, e por isso facilitou os trâmites.

A proprietária era a princesa Giulia Torlonia Borghese. Sua família, originária de Siena, foi uma das mais importantes e ricas de Roma a partir do século XVI. A Galleria Borghese – na *villa* de propriedade da família, dentro do parque Villa Borghese, um dos mais bonitos da cidade – é hoje um museu com uma coleção importante de arte, que inclui uma escultura de Bernini e quadros de

Ticiano e Caravaggio. Basta isso para mostrar o quanto eles eram ricos e importantes. O problema de muitos descendentes de nobres italianos, no entanto, é que o dinheiro foi chegando ao fim, e para manter as tantas propriedades acabaram tendo que alugar algumas. E foi o que aconteceu com Dona Giulia. Ela era proprietária de diversos imóveis e morava num discreto palácio ao lado de onde íamos viver. Era uma senhora baixinha, gordinha, de doces olhos azuis e cabelos presos meio desalinhados, que naquele dia nos recebeu calçando chinelos. Sempre a víamos varrendo o jardim da frente do seu palácio.

Não demorou para que nos instalássemos, com as duas crianças mais velhas frequentando uma escola inglesa na Via Appia Antica, não muito longe de casa. Contávamos com uma babá e, pouco tempo depois, também com o apoio de Isa Freasa, do maravilhoso *O Pasquim*, e seu marido, Albino Castro, correspondente do jornal *O Globo*, que se tornaram nossos vizinhos e seguraram as pontas várias vezes quando Eunice e eu viajávamos por alguns dias.

Nós nos sentíamos muito bem na cidade. Marco conhecia bastante gente, e logo começamos a ser convidados para almoços e jantares nas casas do pessoal da embaixada ou da FAO – Organização das Nações Unidas para a Alimentação e a Agricultura –, cuja sede ficava a seiscentos metros de casa.

Minha primeira experiência de trabalho como novato distribuidor de documentários brasileiros foi em Milão, no Mifed – Mercado Internacional de Filmes e Documentários. Talvez por ser um distribuidor desconhecido e ainda por cima de um país que nunca havia participado da feira, deram-me um espaço mal localizado num fim de corredor sem saída por onde ninguém passava. Comecei então a ir bastante ao café da feira para pescar clientes. Poucos.

Em Milão nos encontramos com o documentarista Sergio Muniz. Ele trabalhava com Guga e foi nos levar mais algumas "latas" contendo episódios do *Globo Repórter* – no contato com a RAI, eu havia percebido que o material que eu tinha, basicamente trailers dos filmes, era insuficiente; precisávamos dos filmes completos, e Sergio os levou. Aliás, na apresentação na RAI, aconteceu uma coisa engraçada. Um dos documentários que mostrei era sobre Lampião, o nosso "rei do cangaço". Fiquei espantado com a quantidade de pessoas interessadas em ver o documentário. O auditório estava completamente lotado. Eu não podia imaginar que Lampião fosse tão popular na Itália. Mas, depois de cinco minutos, dois terços do público se levantou e foi embora, fazendo enorme balbúrdia. Eles queriam ver um documentário sobre LIN PIAO, e não LAMPIÃO. Os italianos não conseguem pronunciar direito o sufixo "ão". Para eles, os dois nomes são quase iguais. Muito provavelmente eles nunca tinham ouvido falar no nosso Lampião, e a morte de Lin Piao, ocorrida poucos anos antes, havia ficado envolta em grande mistério. Ele era considerado o herdeiro natural de Mao Tsé-Tung, e o avião em que viajava caiu num lugar ermo da Mongólia. Teria sido derrubado por ordem de alguém – de Mao Tsé-Tung, quem sabe? Ou seria dos russos ou dos norte-americanos? As autoridades chinesas nunca divulgaram detalhes do assunto, o que só aumentava as suspeitas dos jornais ocidentais.

O Mifed era realizado numa área muito grande, mais ou menos perto do centro da cidade, dentro das instalações da Feira de Milão – um imenso complexo onde acontecem feiras mundiais importantíssimas. Tudo era grandioso, construído sem economia, mas também sem as facilidades modernas de hoje: para mostrar um filme ao cliente, por exemplo, era preciso alugar uma das várias salas de projeção num andar diferente de onde estávamos. Pouquíssimas pessoas visitaram nosso estande, e nossos primeiros contatos ocorreram mais nos bares e restaurante internos do evento do que na nossa sala. Não fechei nenhum negócio, ainda assim não desanimei. Percebi que as coisas não eram fáceis, mas essa atividade era atraente e valia a pena continuar tentando.

Tempos depois, viajei com Eunice para a Escandinávia e para a Finlândia, e do ponto de vista profissional a viagem foi um fiasco. Era verão. Não sabíamos que no verão tudo fecha na Europa e todos viajam, e assim só conseguimos ser atendidos por plantonistas muito simpáticos, mas que não resolviam nada.

Pelo lado turístico a viagem foi uma delícia. O tempo estava bom e ensolarado até tarde da noite. As mesas dos restaurantes espalhadas pelas calçadas estavam cheias de gente bonita, bronzeada e alegre. Nosso paladar se adaptou rapidamente à deliciosa comida escandinava. Mas passei vergonha em Oslo: pedi desconto numa loja para comprar casaquinhos de inverno para as filhas e ouvi um *"Sorry, Sir, but we are in Scandinavia!"*. E tivemos sorte em Copenhagen, pois nossa estadia coincidiu com uma apresentação de Stan Getz e Astrud Gilberto no teatro que fica dentro do Tivoli, o parque mais importante da cidade. Estranhamos a luz natural que entrava àquela hora – oito da noite – pelas frestas das cortinas, mas o espetáculo foi formidável, com aplausos intermináveis ao final de cada música e todo mundo saindo do teatro solfejando "Desafinado", de Tom Jobim e Vinicius de Moraes. Às nove e meia, ainda claro, jantamos ali mesmo no Tivoli, num pequeno restaurante que ficava ao lado de um jardim cheio de tulipas negras.

As previsões de Guga e de Ivan Isola não vinham se confirmando, e pouca gente se interessava pelos documentários. Passado quase um ano, eu já estava contando o dinheiro para ver quanto tempo mais poderíamos ficar na Itália, quando o telefone tocou. Era Isabelle, então representante da TV Globo em Paris. "*Monsieur Filippellí? Ici est Isabelle, de la Tevê Globô, Brèsil.*"

Ela me contou que pela primeira vez a Globo iria participar da importantíssima feira de filmes e programas de televisão de Cannes, o Miptv, e haviam descoberto que Guga e eu tínhamos os direitos da distribuição internacional do *Globo Repórter*. Estavam preparando um catálogo com o material de divulgação para levar para Cannes e viram que faltavam os documentários. "Temos uma proposta para você", disse-me Isabelle.

Estávamos em 1977. A Globo queria incluir a série no catálogo de vendas e, em troca, me convidava para usar o estande da emissora para oferecer meus produtos. Exultei. Podia ser a chance de ficar mais algum tempo na Europa sem queimar minhas reservas. Mas havia um problema: eu tinha deixado meus ternos, camisas sociais, gravatas, tudo em São Paulo. Então convidei o Persio Pisani, amigo de longa data que estava hospedado em casa, para dar um passeio e me ajudar a comprar um pequeno enxoval. Comprei até um terno jeans – último grito da moda na Itália, na época, mas provavelmente inconveniente para a ocasião.

Antes de viajar, telefonei para todo mundo que eu havia conhecido no Mifed, na Escandinávia, na Finlândia e na então Iugoslávia, para onde eu também tinha ido tentar vender meu peixe, e marquei encontro com eles no estande da Globo. O que jogava a meu favor é que o Brasil fazia parte dos sonhos dos europeus. Sonho de conhecer a Amazônia e as praias de Copacabana, de ver o povo sambar nas ruas, as lindas morenas, uma partida no Maracanã...

Produzi em Roma um folder do *Globo Repórter* e fui embora com quinhentos dólares no bolso e alguns *travellers checks* – na época, o cartão de crédito não era popular e quase tudo precisava ser pago em dinheiro.

Em Cannes encontrei a delegação da TV Globo: Joe Wallach, o norte-americano que Roberto Marinho tinha capturado da *Time-Life*; João Carlos Magaldi, superintendente de comunicação e velho amigo dos tempos da publicidade; e Luiz Eduardo Borgerth, diretor que mais tarde seria meu chefe e amigo. O designer Hans Donner, cidadão austríaco nascido na Alemanha, havia projetado um estande lindo e cheio de atrativos. Uns seis monitores exibiam diversos programas da Globo simultaneamente. O corredor ficava congestionado com tantos participantes do evento parados, olhando os programas tão cheios de cor, música e alegria.

O Miptv durou cinco dias – e passei cinco dias quase sem dormir. Chegava ao Palais du Festival às nove da manhã e ficava até as sete da noite, quando me juntava à turma da Globo para o happy hour, o jantar e ainda uma esticada no cassino, onde cada dia eles perdiam algumas centenas de dólares. Depois, quando ia para o hotel, não conseguia dormir, planejando o trabalho do dia seguinte. Todos perdiam no jogo menos eu, que não me atrevia a testar minha sorte. O pessoal da Globo me achava *workaholic*, e talvez na época eu fosse mesmo. Quando eles chegavam ao estande, às onze da manhã, eu já estava lá oferecendo não só os documentários como também todos os programas do catálogo da Globo. E quando voltavam do almoço, lá estava eu me esfalfando até o prédio fechar.

Várias das pessoas que eu havia conhecido em Milão e na Escandinávia foram ao estande para ver os documentários do Guga, mas viam principalmente os programas que a Globo tinha levado. No terceiro dia fui contratado... mas, como um calouro para entrar na universidade, precisei passar por uma prova. A contratação "só se confirmaria" se eu jogasse na roleta naquela noite, pois eu era o único da turma que ainda não tinha jogado (e perdido). Dei adeus a uma nota de cem dólares e a troquei pelas fichas mais baratas que existiam. Depois de trinta minutos, tinha multiplicado meu capital, ganhando mais de quinhentos dólares! E a partir daí nunca mais joguei, sempre lembrando da tal "sorte de principiante".

E então fui contratado pela Globo. Minha primeira tarefa seria pesquisar o mercado europeu e estudar um plano para iniciar a internacionalização da TV Globo, que até então havia feito apenas algumas vendas de novelas, como *O Bem-Amado*, para a América Latina, e *Gabriela*, para Portugal. Combinamos que eu deveria aguardar um telefonema do Borgerth me convocando para uma reunião no Rio de Janeiro, onde os detalhes seriam acertados. Três semanas depois eu estava com a passagem marcada e pronto para partir, quando Marco Antonio de Rezende me contou que o produtor cinematográfico Luiz Carlos Barreto, o Barretão, tinha chegado a Roma no dia anterior. "Vou me encontrar com ele amanhã cedo, quer ir?"

Encontramos Barretão no saguão do Grand Hotel Hassler tomando um Bellini feito com o melhor espumante italiano e suco fresquinho de pêssego natural, a especialidade da casa. Barretão, já naquela época, esbanjava experiência e sabedoria e foi logo me dizendo: "Xiii, *rapaiz*, o momento não é dos melhores. O Walter Clark, diretor-geral da Globo, acaba de ser demitido. Melhor você confirmar se sua viagem ainda está de pé".

A viagem seria naquela noite mesmo e estava de pé. Borgerth me disse "Sim, vem, *the show must go on*", e lá fui eu, transformando meu bate e volta de três dias na Itália numa estadia de 24 anos na Europa, 23 dos quais na Globo!

46 A MELHOR TELEVISÃO DO MUNDO

3.
TEMPOS DE APRENDIZADO

"Roma está deslocada do centro do mercado de televisão e cinema", disse-me Luiz Eduardo Borgerth, que assumira a direção da Divisão de Vendas Internacionais da Globo na época em que fui contratado. "Por enquanto, aluga uma salinha ou trabalha em casa mesmo. Se a gente perceber que a coisa dá certo, você muda pra Paris – lá, sim, vale a pena montar um grande escritório."

Borgerth tinha razão sobre Roma, mas não sobre Paris. O lugar certo para abrir um escritório de representação seria Londres, o que só descobriríamos mais tarde. Mas, para desmentir todas as previsões possíveis de que Roma não seria o melhor lugar, inesperadamente se iniciou na Itália uma explosão do crescimento do mercado televisivo, que transformaria o país no laboratório ideal para pesquisar e descobrir se a Globo tinha ou não produtos para se lançar e permanecer no mercado europeu.

Até então, a RAI tinha o monopólio estatal da televisão no país, e as emissoras privadas não eram autorizadas. Mas assim, do nada, um dia um juiz de província permitiu a abertura de um canal privado numa cidadezinha perdida no norte da Itália, quebrando o monopólio da RAI. Foi a conta. Imediatamente começaram a pipocar centenas de emissoras privadas regionais e até municipais por toda parte. Em poucos meses já existiam mais de quatrocentas.

No começo, as novas emissoras não eram levadas a sério e converteram-se em motivo de chacota nos programas humorísticos e de variedades da RAI. A programação era muito amadora e improvisada, e as críticas, merecidas. Tinha de tudo: uma emissora de Milão, por exemplo, lançou um concurso de *striptease* de donas de casa no horário nobre. Eram mulheres casadas tirando a roupa na frente das câmeras, tentando imitar os gestos das *strippers* de corpo esbelto e poses sensuais, e isso num país de hábitos tão recatados como a Itália (hábitos públicos, entenda-se bem). Na época, essa história virou um *case* em toda a Europa.

Outra estação teve o estúdio montado na sala da casa do seu proprietário. O canal dispunha de uma câmera só e, num cartaz colado na porta do lavabo, lia-se algo como "TV Buona Sera Internazionale". Enquanto a emissora estivesse no ar, ninguém podia ir ao banheiro. E, se alguém estivesse no banheiro, obviamente não poderia nem sair, nem puxar a descarga. Outra estação interrompia a transmissão por um minuto a cada meia hora para o telespectador ver se a água do macarrão já estava fervendo. Enfim, tinha de tudo.

Quando os grandes empreendedores italianos começaram a se interessar pelo negócio – o *business* – da televisão, enfrentaram dificuldades por todos os lados. A legislação italiana, por exemplo, ainda não permitia que as emissoras tivessem cobertura nacional. Por isso, os programas eram copiados em videocassetes U-matic e distribuídos entre as retransmissoras afiliadas das diversas regiões, que deveriam exibi-los exatamente no mesmo horário, simulando uma transmissão em rede nacional.

Mas pouco a pouco o profissionalismo e a criatividade foram aparecendo e as grandes editoras também começaram a planejar suas redes. A Mondadori, ícone da indústria editorial italiana, criou a Retequattro. A editora Rusconi instalou a Italia 1. Silvio Berlusconi, que depois foi premiê da Itália, lançou o Canale 5.

Foi nesse inesperado ambiente de expansão do mercado televisivo que nos instalamos em Roma. A experiência que parte da equipe da Globo trazia da publicidade nos dava suficiente percepção do mercado para estabelecer rapidamente uma estratégia de ação. Mas precisávamos de mais programas para enriquecer nosso catálogo e decidimos editar alguns para adequá-los à distribuição internacional. Começamos com uma série com treze episódios de uma hora cada do *Fantástico*, um *magazine show*, como o mercado o definia.

A Divisão de Vendas Internacionais ainda não contava com uma equipe de técnicos e editores, e por isso fui duas vezes ao Rio para ajudar nas edições, conferir se tínhamos todos os direitos dos segmentos escolhidos e tentar o mais possível equalizar o som e a imagem desses segmentos. Nos primeiros tempos, tudo era feito com a mesma equipe que tocava o dia a dia da Globo e que estava atolada de trabalho. Foi bem puxado para todos. As edições eram feitas só com material *made in Globo*, pois muita coisa era comprada de distribuidores internacionais e não tínhamos os direitos para fora do Brasil. Seria bom demais se fosse só pegar o programa pronto e despachar para o cliente, mas não era assim!

Em seguida editamos alguns jogos de futebol com 52 minutos cada, dando preferência aos times mais populares, como Corinthians e Flamengo. A edição em inglês era feita por Martin Taylor, um narrador fantástico da ITV – Independent Television, da Inglaterra. Ele sabia tudo sobre o futebol brasileiro e reconhecia cada um dos nossos jogadores. Quase não precisava ler a escalação dos times.

Selecionamos também algumas séries musicais exibidas logo depois da "novela das oito", como *Brasil Pandeiro*, dirigida por Daniel Filho e apresentada por Betty Faria. Essa série era alegre, toda no ritmo de uma gostosa batucada – já na abertura tocava "Brasil, esquentai vossos pandeiros, iluminai os terreiros que nós queremos sambar...", dos Novos Baianos.

Esses musicais eram veiculados semanalmente na Globo, intercalados por especiais com grandes nomes da música brasileira, como Tom Jobim, Vinicius de Moraes, Elis Regina, Gilberto Gil,

Milton Nascimento, Chico Buarque e Caetano Veloso, e atraíam muito a atenção dos clientes. Mas havia dificuldades para enquadrá-los nas grades de exibição, porque nem sempre atendiam às exigências técnicas das emissoras europeias – a maioria dos programas era produzida em "mono", e não em som estereofônico. Ainda assim vendemos alguns. Os italianos iam ao delírio com o *balletto* dos nossos musicais, e os orientais estranhavam as pernas grossas das bailarinas brasileiras, tão aclamadas por aqui.

Além desses musicais, no começo os únicos programas que conseguíamos vender eram os compactos de futebol e alguns especiais de música que, na época, para efeito de exportação, eram chamados por nós de *Musical Specials*. Um dos campeões de vendas foi *Sérgio Mendes Especial*. Tinha uma ótima qualidade de imagem, uma edição primorosa, arrojada e... pudera, tinha Sérgio Mendes! Havia uma cena gravada em plena areia, no final da praia do Leblon, num dia ensolarado em que Sérgio tocava num fantástico piano de cauda acompanhado por Gracinha Leporace e duas cantoras norte-americanas do seu conjunto. Sob a brisa do mar, seus vestidos esvoaçavam... Eita nóis! Quase sempre os gringos pediam para voltar o vídeo para ver a cena de novo.

Mas estávamos com dificuldades para fazer as vendas crescerem. Os musicais, que eram nossa grande esperança, só eram comprados por emissoras pequenas que não se importavam com a precária qualidade técnica do som. "Os musicais da Globo foram uma decepção para mim", disse-me o diretor artístico de uma rede francesa. E completou: "Vocês desperdiçam a audição dos maiores intérpretes brasileiros com essa má qualidade de som!". Precisei ouvir calado. Já tinham me falado no Rio que a Globo produzia horas demais com menos equipamentos do que o necessário, e assim não havia tempo para uma manutenção adequada. Existia até uma justificativa para trabalhar com um mesmo equipamento "até ele estourar": eles ficavam obsoletos rapidamente. "Era melhor comprar um novo do que gastar dinheiro demais em manutenção", dizia-se. Isso, no entanto, era apenas meia verdade.

Era trabalhoso e caro importar insumos nos tempos da ditadura militar. Eu imagino os milagres necessários para tentar manter a emissora atualizada tecnicamente!

A verdade é que a Globo, tão grande no Brasil, era minúscula no mercado internacional. De certa forma, ela nunca antes tinha se preocupado de fato com todas as exigências técnicas de qualidade e com os padrões de duração dos programas para adequar-se ao mercado internacional e crescer dentro dele. Com cerca de 50% da audiência total brasileira e às vezes mais de 75% do *share*, ela se bastava com o mercado interno. Eu é que deveria me acostumar com essa situação e parar de encher a paciência do pessoal da produção. Só que nunca me acostumei.

De vez em quando a concorrência conseguia contratar algum figurão da Globo, como Daniel Filho, Walter Avancini e Roberto Talma, mas esses figurões não conseguiam alcançar bons resultados nas outras emissoras. Por quê? Um dia perguntei ao Boni. Segundo ele, esses figurões passaram a trabalhar com atores mais fracos, estúdios menos equipados, cenários toscos, roteiristas menos experientes e sobretudo orçamento insuficiente. "Os nossos concorrentes esperavam milagres", disse-me. A exceção foi Benedito Ruy Barbosa quando escreveu a novela *Pantanal* para a TV Manchete. Além de seu inegável talento, Benedito escolheu um cenário espetacular – o Pantanal –, ainda pouco conhecido pela maioria dos espectadores e muito bem explorado por Jayme Monjardim, que mostrou ser um grande e criativo diretor. A novela também tinha um elenco estreladíssimo, diálogos simples, emoções arrebatadoras, personagens de caráter bem definido e música sertaneja levemente sofisticada (Sérgio Reis é ator constante nas criações de Benedito). A característica rural das obras de Benedito também se diferenciava da maioria dos autores. Nenhuma outra novela fez tanto sucesso no Brasil, fora da Globo, desde sua consolidação como líder de audiência.

No tempo em que a televisão aberta dominava o mercado publicitário, a Globo tinha dificuldades para achar espaço para toda publicidade que vendia. E a "Vênus Platinada" queria manter essa situação invejável a todo custo. Quando um concorrente lançava um programa novo que pudesse oferecer perigo à sua primazia, a Globo reduzia ou ampliava a duração de um capítulo ou aumentava bastante o nível de emoção e suspense daquele episódio para segurar o espectador. Enfim, usava de vários meios válidos para impedir que o lançamento do concorrente decolasse. Nas palavras do Boni, "estamos em primeiro lugar de audiência, mas nos comportamos como se estivéssemos em terceiro".

Essa estratégia defensiva fazia com que alguns capítulos tivessem cinquenta minutos de duração e outros, trinta. Muito bom para a Globo e muito ruim para a Divisão de Vendas Internacionais. Se essa combativa novela fosse vendida ao exterior, precisaríamos remontá-la para entregar todos os episódios com a mesma duração, de 26 ou 52 minutos, com apenas alguns segundos de tolerância. Teríamos que refazer toda a trilha sonora e criar uma trilha para dublagem só com as músicas e efeitos – sem os diálogos – para que a dublagem pudesse ser feita no país exibidor. Simples, né?

Todo esse início foi difícil, mas nos ajudou a entender o que precisávamos fazer para começarmos a ser aceitos no fantástico mundo da distribuição internacional.

4.
DUAS GAFES
E A PRIMEIRA VENDA

Cheguei atrasadíssimo a Malmoe, a linda cidade do sul da Suécia, para a primeira reunião com o produtor e apresentador Åke Wihlney e sua equipe de produção na STV2, segundo canal do país escandinavo. Que gafe! Eles queriam comprar segmentos do *Fantástico* para um episódio sobre o Brasil no programa *Vitrine da Televisão Mundial* (em tradução livre para o português) e eu dei esse vexame. Foi constrangedor.

Contando a história do começo: conheci Lillemor Stjernström, pesquisadora da STV2, na primeira vez em que estive no Miptv, em Cannes, e conforme combinado mandei para ela um compacto do *Fantástico* que tinha tudo de bom, como Elis e Tom cantando "Águas de março"; Maracanã lotado, vibrando com gol do Flamengo; Isaac Karabtchevsky conduzindo "O trenzinho caipira", de Villa-Lobos; Milton Nascimento cantando em Ouro Preto e Pelé comemorando gol. O compacto tinha sido montado pelo brilhante e saudoso diretor de novelas Paulo Ubiratan a partir de material de arquivo e estava realmente muito bom.

Cerca de dois meses depois, Lillemor me telefonou pedindo uma reunião nos estúdios da televisão sueca em Malmoe, onde Åke Wihlney morava, para discutir a compra do *Fantástico* e de outros programas. Seria meu primeiro contrato. Fiquei eufórico. Marcamos a data e combinamos de nos encontrarmos no restaurante do hotel onde eles haviam reservado um quarto para mim. Jantar marcado para as seis da tarde em ponto.

Hoje em dia, a viagem de Roma para Malmoe é curta e rápida. Mas naquela época era preciso ir de avião até Copenhagen, na Dinamarca; do aeroporto, ir até o porto; e, no porto, pegar um barco para cruzar o canal até Malmoe, já em território sueco. Lillemor me deu todas as instruções para a viagem e me disse que a travessia levava uns quarenta minutos de *motorscaf* ou uma hora e meia de navio.

Um pouco nervoso e muito inexperiente em viagens internacionais, peguei o primeiro barco que vi. O errado. Era o mais lento. O tempo passava e não havia como avisar Lillemor que eu estava atrasado – naquela época, não existia celular e eu não tinha como me comunicar com ela. Cheguei tardíssimo, como contei. Os suecos me esperavam sentados em volta de uma mesona redonda, mal conseguindo disfarçar a impaciência, e eu passei metade do jantar me desculpando.

O encontro tinha sido marcado para eu conhecer a equipe sueca e entender a estrutura do programa que queriam fazer e a ideia que tinham para usar o nosso material. Os detalhes do acordo seriam discutidos na manhã seguinte. Minha sorte foi que os brasileiros sempre gozaram de grande simpatia no exterior, e fui tratado com muita paciência, elegância e condescendência.

No dia seguinte, para compensar, cheguei meia hora adiantado para a reunião com Åke (pronuncia-se Oke: tem uma bolinha vazada sobre o A), levando todas as informações sobre a Globo e o mercado brasileiro pedidas na noite anterior. Åke adorava o Brasil. Em 1958, como jornalista, ele cobriu a seleção brasileira que jogou na Copa do Mundo da Suécia. A seleção canarinha ficou concentrada perto de Gotemburgo, a uns 450 quilômetros de Estocolmo, e ele conseguiu se hospedar no mesmo hotel-resort da delegação. Ele se encantou com o estilo diferente de jogar, em especial de Djalma Santos – com todo o respeito por Pelé, Garrincha, Didi e Nilton Santos. Surpreendeu-se com o comportamento discreto e modesto dos jogadores, que andavam de chinelos, descontraídos na concentração, sempre cantando algum sambinha, tocando violão e marcando ritmo em caixinhas de fósforos. Fora o sucesso que faziam com as loiríssimas suecas. E para a surpresa de Åke, os brasileiros fumavam cigarros, um atrás do outro.

Ele ficou completamente apaixonado pelo Brasil: tinha todos os discos de bossa nova, tocava "Aquarela do Brasil", "Águas de março" e "Upa, neguinho" no seu piano azul e amarelo, as cores da bandeira da Suécia. Elis Regina era o seu grande ídolo.

Ele era um gordo incrivelmente simpático, cabelos encaracolados e barba branca, olhos pequenos e cheios de vida. Era uma das figuras mais populares da televisão sueca. Produzia e apresentava o *Vitrine da Televisão Mundial* para a STV2 vestindo um smoking de veludo verde. Era saltitante, ágil e bom contador de histórias, meio no estilo do Jô Soares nos tempos do programa *Viva o Gordo*.

Cada episódio do *Vitrine* era uma reportagem ilustrada sobre a televisão de determinado país. Mostrava como era a estrutura em cada lugar e indicava se os canais eram públicos ou privados. Dava uma ideia de como eram as grades de programação e ilustrava os episódios com imagens compradas e editadas do que havia de melhor na programação das estações líderes de cada país. Mesmo quando retratava a televisão de um país pobre, de poucos recursos, Åke abordava tudo com muita dignidade, sem ridicularizar nem humilhar a televisão do país reportado. Jamais armou ciladas para participantes dos seus programas, como era comum nas televisões norte-americanas, inglesas e mesmo em shows brasileiros.

O episódio sobre a televisão nigeriana, que me mostraram, era um exemplo disso. A reportagem começou falando das dificuldades de se fazer televisão num país em que existiam mais de vinte idiomas, parte deles sem linguagem escrita, a ponto de se usar o inglês e o *creole* como línguas veiculares. Mostrou que parte do país era muçulmana e parte professava religiões cristãs ou tribais, além de sofrer com os problemas característicos da pobreza, como má distribuição de renda, baixo índice de alfabetização, falta de infraestrutura etc. O programa tratava dessas questões tão sérias, mas era muito alegre, denso e bonito, com ênfase na importância da música e do esporte nigeriano.

Quando soube que existia a possibilidade de conseguir material de qualidade sobre o Brasil, Åke decidiu produzir um episódio sobre a televisão brasileira. Contou-me que gostaria de preparar uma edição de diferentes trechos do *Fantástico* para compor o episódio e me fez muitas perguntas sobre o Brasil: que horas o *Fantástico* passava, há quanto tempo existia, qual era a audiência, que cobertura atingia. E se mostrou muito curioso para saber como eram as tais "novelas", coisa de que tinha ouvido falar sem nunca ter visto, e se espantou com o formato – parecido, mas diferente das *soap operas* norte-americanas e inglesas.

Finalmente, acertamos a compra. E aí aconteceu a segunda gafe.

Depois de uns trinta dias, a STV2 recebeu o videoteipe do *Fantástico*. Foi quando a nossa primeira operação de vendas internacionais correu um sério risco de fracassar. Åke me telefonou furioso, dizendo que a edição do *Fantástico* era diferente da que tinha sido comprada: "Vocês me venderam uma coisa e estão entregando outra", disse. "Impossível etc. e tal... Bem vou verificar e lhe telefono", respondi. Logo em seguida falei com o Brasil e soube. Era verdade, a edição do programa entregue tinha pouca coisa do original vendido, e achar os trechos originais no arquivo enorme e ainda não informatizado da Globo seria como encontrar agulha no palheiro. Falei de novo com Åke e combinamos um encontro para ver o *tape* juntos e decidir o que fazer.

Naquela época, os padrões técnicos usados pelas emissoras de televisão dos vários países eram diferentes, dependendo da região, e incompatíveis entre si. Em toda a América, por exemplo, o sistema de cor usado era o NTSC; na Europa, o PAL; nos países socialistas e na França, o SECAM. O governo militar brasileiro, sob várias alegações, tinha nos imposto o PAL-M, sistema híbrido entre o norte-americano e o europeu, "para evitar o contrabando", diziam ingenuamente os militares. Naquela época, a conversão de um sistema para outro só era bem-feita em Londres, nos laboratórios da ITN – Independent Television News. Foi onde Åke e eu nos encontramos numa manhã gelada do outono londrino.

Só aí vi a edição que a STV2 tinha recebido. Era mesmo completamente diferente. Åke acreditava que a censura da ditadura militar brasileira é que havia alterado o original e obrigado a Globo a enviar essa nova versão, mas a verdade era mais singela. Paulo Ubiratan, quando montou a primeira, não tinha registrado de onde tirava cada segmento. Considerando o enorme tamanho do arquivo da emissora (o Bill Gates ainda brincava de casinha), seria impossível remontar o programa de forma idêntica. Entretanto, saltou aos meus olhos que a segunda versão era melhor que a primeira. Mas Åke queria as caras sem dentes e os casebres das favelas que apareciam na versão original.

Vimos os videoteipes várias vezes até admitirmos não existir alternativa: "Não sei o que dizer, não tenho como remediar, nossos arquivos ainda não são informatizados... Posso cancelar o contrato e arcar com todas as despesas que vocês tiveram até aqui", eu disse. "Não quero cancelar o programa! Quero o programa que comprei!"

O que fazer? Ou Åke aceitava a nova versão ou o programa sobre a televisão brasileira não seria exibido na Suécia. Ele voltou a falar sobre a possível censura: "Você jura que a censura não impugnou a edição original?". "Juro." "Posso confiar em você?" "Não sempre, mas nesse caso pode."

Åke riu bastante e se rendeu. Abriu um imenso sorriso e concordou que a segunda edição era melhor, muito melhor que a primeira. Tinha visto de cara que o material era bem mais profissional. Mas, se a mudança tivesse sido exigida pelos milicos, nada feito.

Saímos para almoçar magnificamente no Wheeler's, no Soho. Ostras fresquinhas, depois *dover sole* (o fantástico linguado das águas frias do norte da baía da Biscaia) acompanhado de duas garrafas de Sancerre geladinho.

Foi o início de uma grande amizade!

58 A MELHOR TELEVISÃO DO MUNDO

Trechos com tradução livre de artigo que escrevi para a revista *Daily News*, da Miptv, 1991

❝ O escritor irlandês Jonathan Swift disse que o mais corajoso dos homens foi aquele que saboreou a primeira ostra. O mesmo aconteceu com as novelas quando, em 1976, a Globo começou a oferecer sua iguaria até então desconhecida na Europa. 'São muito longas e muito pouco sofisticadas para a nossa audiência', diziam, na época, os programadores europeus.

Do Brasil, os programadores queriam apenas programas sobre Carnaval, índios e futebol, até que os suíços abriram a ostra. Eles experimentaram *Escrava Isaura* e a curiosidade foi amplamente recompensada. Logo o mundo os seguiu, ávido por programas alternativos.

Os jornais escreveram páginas e páginas sobre essa 'nova linguagem televisiva' e os acadêmicos organizaram seminários para discutir o fenômeno. Atualmente, quando a Globo oferece uma novela com menos de 160 episódios, nos perguntam: 'Por que vocês finalizam uma novela quando ela ainda faz sucesso?' 'Por que vocês não a estendem por pelo menos dois anos?'.

Depois de pegar gosto pelas nossas ostras, os europeus passaram a nos pedir para compartilhar com eles o segredo do sucesso. E o segredo está no processo extremamente dinâmico desenvolvido pela Globo ao fazer três novelas diárias desde 1965. Essa velocidade, com a qual estamos tão familiarizados, é desconhecida na Europa. Nossos métodos de produção levaram anos para serem desenvolvidos!❞

5.
A NOVELA ABRE PASSAGEM

Em todos os mercados de televisão de que participávamos eram evidentes a grande simpatia que existia pelos brasileiros e a enorme curiosidade pelo Brasil e seu futebol, sua música e sua natureza, sempre atraindo vários clientes ao nosso estande. Perto do fim do expediente das feiras, criamos o hábito de servir uma caipirinha de *lime*, o nosso limão-taiti, pouco conhecido na Europa. Com isso, nosso estande acabava virando um ponto de encontro, uma espécie de pré-happy hour para clientes e penetras, e terminei ficando amigo de alguns distribuidores de filmes, como René de la Touraine, da Pathé e Gaumont, a importante produtora e distribuidora francesa fundada em 1896; Carlos Whitaker, um argentino simpático e (!) modesto, distribuidor de algumas produtoras suíças; e Bill Protopsaltis, nosso futuro distribuidor na Grécia, "especialista" em táticas futebolísticas e apaixonado por música brasileira.

Com a qualidade visual dos programas e os encontros frequentes, fomos estabelecendo boas relações, e vender nossos compactos de futebol, as séries editadas do *Fantástico* e alguns musicais já virava rotina. Monica Carpi, que havíamos contratado, e eu estávamos aprendendo rapidamente as manhas do negócio, mas íamos crescendo devagar, muito devagar, e o volume financeiro ainda era pequeno. Faltavam as novelas para aumentar o faturamento de forma consistente.

Só que as telenovelas, com o formato das brasileiras, não eram conhecidas na Europa. Alguns países produziam programas de ficção de duração indeterminada, as chamadas *soap operas*, com enredos intermináveis – algumas *soaps* ainda hoje fazem muito sucesso, como ocorre na Grã-Bretanha, onde já chegaram a durar até trinta anos, terminando só quando a audiência está fraca. A novela, pelo contrário, tem começo, meio e o tão esperado final feliz.

Quando morávamos em Londres, toda a família Filippelli assistia *EastEnders*, uma *soap* ambientada na periferia londrina. Sua estrutura e a divisão social dos personagens eram diferentes do que se vê na novela: havia os pobres e os menos pobres. Nas novelas há os chamados núcleos – núcleo dos muito ricos, núcleo da classe média e núcleo dos pobres. Em *EastEnders*, os menos pobres eram os burgueses da periferia: o dono do *pub* (o típico bar londrino), o dono de uma barraca de feira, o dono da lavanderia em que os clientes lavam suas próprias roupas, o motorista do furgão de entregas. E os pobres eram faxineiros de escritório, empregados de supermercados ou de lojas de conserto de roupas.

Naquela época, na Europa, a televisão era considerada um veículo secundário – ela não tinha o mesmo prestígio do teatro ou do cinema, e os atores mais consagrados só se apresentavam na televisão para promover seus filmes e peças teatrais ou para dar entrevistas, nunca para atuar numa *soap* ou num telefilme, como eram chamados os filmes feitos especialmente para a televisão. Ao contrário do que acontecia no Brasil. Fernanda Montenegro, por exemplo, ficou famosa não só com o teatro, mas também com a televisão, e ela, tão consagrada, seria impensável numa *soap opera*; além disso, no Brasil, *estar* na televisão era fundamental para o sucesso de uma peça teatral ou de um filme. Aqui, também, provavelmente por causa da censura imposta pela ditadura militar, havia pouco espaço para o teatro brasileiro combativo, levando grandes atores, como a própria Fernanda Montenegro, a trabalhar em novelas.

Mais uma diferença: na *soap*, quando os atores terminavam seus contratos com a produtora, seus personagens não "morriam". O ator podia ser substituído, mas o personagem permanecia. O público da *soap* já estava acostumado a essas mudanças. Parece estranho? Nem tanto. No cinema, por exemplo, o personagem do 007 foi interpretado por diversos atores. O mesmo aconteceu com os vários Tarzans que o público viu mudar inúmeras vezes. Nas novelas, que eu saiba, esse recurso de trocar o ator e manter o personagem nunca aconteceu. Pelo menos na Globo. Jardel Filho, por exemplo, um dos atores mais importantes de *Sol de Verão*, morreu antes do fim da novela. Foi uma comoção nacional, e, além de tudo, segundo a imprensa da época, o autor, Manoel Carlos, abalado, não teve condições de continuar escrevendo. Heitor, o personagem de Jardel, embarcou numa "viagem repentina". Ele sumiu e a novela terminou antes do previsto – o que dificilmente aconteceria numa *soap*.

Sem que o público internacional estivesse familiarizado com as novelas tal como feitas no Brasil, a perspectiva de vendê-las parecia remota. Ouvi de alguns diretores de redes europeias coisas como "nosso público jamais aceitará ver a mesma história todos os dias; nossas séries de ficção têm no máximo seis episódios, exibidos uma vez por semana".

Mas finalmente, e por acaso, surgiu a oportunidade para vender nossa primeira novela. Foi mais ou menos assim: *Cabocla*, de Benedito Ruy Barbosa, estava no ar no Brasil e fazia bastante sucesso; *Olhai os lírios do campo*, a novela que iria sucedê-la, estava com a produção atrasada; a Globo, então, pediu a Benedito que "esticasse" *Cabocla*, mas ele havia sido contratado pela TV Bandeirantes para escrever as novelas *Pé de vento* e *Os imigrantes* e não topou. Decidiu-se, então, editar *Escrava Isaura* em trinta episódios para cobrir o buraco na programação. A reprise compactada de *Isaura* teve boa audiência no Brasil e até alcançou índices melhores do que a versão original, com cem capítulos. E com ela, viva!, finalmente, surgia uma novela curta.

Pedi à Globo que me mandasse com urgência alguns capítulos, e logo recebi o primeiro, o segundo e o último da versão editada. Vi, achei a qualidade técnica um tanto precária, mas era o que tínhamos naquele momento. Escrita por Gilberto Braga a partir do romance homônimo de Bernardo Guimarães, lançado em plena campanha abolicionista em meados dos anos 1880, *Escrava Isaura* era uma novela de época exibida às seis da tarde, que contava as desventuras de Isaura, uma escrava mestiça, filha da escrava Juliana e de um fazendeiro branco. De pele clara, Isaura fora criada com educação esmerada, tinha caráter nobre e era vítima de um senhor devasso.

Começamos a preparar o lançamento, torcendo para que desse tempo de levar a nova versão para o Mercado de Monte Carlo. Fiquei horas ao telefone com Nelson Gomes, diretor executivo de comunicação, discutindo os detalhes de um folheto para divulgação (naquele tempo, o *folder* se chamava folheto), e pedi ao superintendente de comunicações da Globo, meu grande amigo e guru João Carlos Magaldi, que imprimisse o folheto em inglês com a verba do departamento dele. Somente esses três episódios de *Escrava Isaura* ganharam legendas em inglês, porque na época as legendas para vídeo só eram bem-feitas em Londres e custavam caro.

Fizemos publicidade da novela nas revistas especializadas para profissionais da televisão e mandamos uma mala direta aos executivos que eu já conhecia – e a muitos que eu não conhecia – com cópia do folheto feito no Rio. No Mercado de Monte Carlo, como em qualquer evento, quando o participante se inscreve ele recebe um crachá, uma pasta com o catálogo (onde também anunciamos) e alguns folhetos sobre os programas, e o nosso foi incluído. Ou seja, divulgamos bastante para os pobres padrões da nossa Divisão de Vendas Internacionais.

No primeiro dia da feira, o pessoal da suíça TSI – Televisione della Svizzera Italiana, que eu já conhecia, passou no nosso estande para nos cumprimentar e nos apresentar Bixio Mascione, novo diretor de programação da emissora. Ele viu o que tínhamos, incluindo *Isaura*, e pediu informações.

Confirmamos um jantar para o dia seguinte, e nessa noite me sentei entre o *professore* Gandolfo, presidente da TSI, e Mascione. A conversa – na época eu já falava um pouco de italiano – avançou bem-humorada e sem muito papo de trabalho e, no dia seguinte, Mascione voltou ao estande no fim da tarde para ver alguns programas. Ele pediu para conhecer *Isaura*. Viu os três capítulos que tínhamos levado e ficou claramente animado. "Isso é que é televisão", dizia ele. "Aqui na Europa as pessoas usam as técnicas de cinema, como se o espectador de TV estivesse numa sala escura diante de uma tela grande." "Isso é que é televisão", repetia.

Nós usávamos os serviços do hotel em que acontecia a feira para servir água, café e refrigerante aos convidados. Ele pediu um uísque. Eu o acompanhei. Dali a pouco, às sete da noite, a feira fecharia e íamos embora. Todos tinham compromissos, menos Mascione e eu. Fomos juntos ao bar. Do bar, fomos ao restaurante, sempre dentro do hotel. Do restaurante, voltamos ao bar. A conversa foi longe – fui dormir lá pelas quatro da manhã.

No dia seguinte, uma moça da TSI apareceu em nosso estande pedindo uma hora com o *professore* Gandolfo, o presidente da televisão. Marcamos. Mascione havia dito para ele que tinha visto uma coisa maravilhosa, que queria que ele conhecesse. Mostramos o primeiro capítulo de *Isaura*. Eles conversaram bastante (de outras coisas) enquanto assistiam. Quando o capítulo terminou, Gandolfo perguntou a Mascione se a série não era lenta demais. "Os personagens falam muito", disse. Aí me meti na conversa e garanti que não: "Estamos vendo aqui um programa estrangeiro com legenda, mas se fosse dublado você veria que a quantidade de texto dos diálogos é adequada". "Mascione", disse Gandolfo, "se você acha que está bom, vamos comprar." E saiu para outro compromisso. Compraram.

Corta. Agora eu estava em Roma. Alguns distribuidores disputavam a compra dos compactos de futebol, dos musicais e do *Fantástico*, e eu avisava a eles que naquele momento, excepcionalmente, estávamos vendendo apenas para quem também comprasse *Escrava Isaura*, "uma novela com trinta capítulos que faz parte do nosso pacote". De todos os interessados, só a Pegaso Film, uma distribuidora de médio porte, se aventurou a comprar o pacote e o distribuir para o mercado italiano, mas não conseguiria dar conta dos custos de dublagem. "Os suíços já compraram e estão dublando para o italiano. Por que vocês não conversam com eles? Pode ser uma boa oportunidade para dividir os custos", disse a Maurizio Castellano e a Paolo Lombardo, diretores da Pegaso. Aí eles viram Isaura, gostaram, acertaram a parceria para a dublagem com a TSI e também compraram. A qualidade das dublagens da TSI era de altíssimo nível, realizadas quase artesanalmente nos grandes estúdios cinematográficos romanos. Eles corrigiram vários defeitos da trilha sonora feita na Globo, agregando valor ao nosso produto.

A Pegaso fez um pacote com programas de futebol, alguns musicais e episódios do *Fantástico* que pretendia oferecer para redes menores. Reservou *Isaura* para uma grande rede privada, a Retequattro, o canal de televisão da editora Mondadori. A Retequattro topou e programou o lançamento para os primeiros dias de janeiro, quase um ano depois de termos vendido para a televisão suíça. Exatamente quando eu estaria de férias no Brasil com a família...

Voltei para Roma duas semanas depois do lançamento. Quando cheguei, levei um baita susto: *Isaura* era o maior sucesso da televisão privada italiana. Monica Carpi, já promovida a executiva de vendas, contou que choviam telefonemas para mim. "*Ora tu sei una personalità*", dizia-me, e me mostrava suas anotações, e, nossa! O pessoal da Mondadori, do Berlusconi, de vários outros canais italianos, todos queriam falar comigo.

Marquei numa quinta-feira com a Retequattro, que já estava exibindo *Isaura*. Sua sede ficava em Milão, dentro do magnífico prédio da Mondadori projetado por Oscar Niemeyer, onde nos reunimos. O pessoal da Retequattro tentou se mostrar cauteloso na negociação, mas ninguém conseguia disfarçar a ansiedade. Claramente queriam comprar um pacote não só com uma, mas com umas quatro novelas para começar. A ideia era criar dois horários e exibir duas novelas simultaneamente, cinco dias por semana. Apresentaram-me a Giuseppe Lamastra, que iria tratar dos detalhes dos contratos comigo, e marcamos um novo encontro, dessa vez em Roma, onde seria possível conhecer o que tínhamos, para escolher as novelas que fariam parte do pacote.

As tramas românticas, dramáticas, das chamadas "novelas de época" exibidas no horário das seis no Brasil, como *Isaura*, eram relativamente fáceis de serem entendidas pelo público estrangeiro e seriam nosso programa ideal para exportação. Isso porque as histórias eram acessíveis e ingênuas, com diálogos fáceis de serem adaptados para dublagem, já que os personagens usavam um tratamento mais formal e a caracterização dos personagens era óbvia e fácil de ser apreendida: os ricos usavam roupas formais e requintadas e não deixavam dúvidas sobre sua posição social, enquanto os pobres vestiam-se com roupas simples, muitas delas feitas com sacos de farinha, no caso dos escravos. Já as novelas ambientadas no dia a dia urbano – e contemporâneo – das cidades brasileiras escancaravam um contraste social chocante em comparação com os centros europeus, pelo menos nas produções da Globo dos anos 1970 e 1980, e por isso eram mais difíceis de serem entendidas e aceitas.

O engraçado é que, quando *Isaura* foi exibida pela primeira vez na Itália, muita gente escreveu para a embaixada brasileira em Roma protestando contra "o tratamento desumano a que os escravos eram submetidos no Brasil". E eu que pensava que essa confusão que alguns espectadores fazem entre personagem e ator e entre passado e presente só acontecia no Brasil...

A novela que sucedeu *Isaura* na Retequattro foi *Dancin' Days*, também de Gilberto Braga, que tinha feito um sucesso estrondoso no Brasil – foi uma das maiores audiências da história da Globo e chegou a ser considerada um divisor de águas na história das novelas. Segundo os entendidos daquela época, Gilberto Braga tinha sido muito audacioso por jogar todas as fichas no carisma de uma só atriz. Se ela não funcionasse no papel de heroína, a novela poderia naufragar. À distância do tempo, porém, não parece ter sido bem assim. Sônia Braga, apesar de brilhante no papel de Júlia, personagem principal da história, não fez tudo sozinha. Olha o time que construiu essa novela: Gilberto Braga foi o autor e trabalhou a partir de um texto da aclamada Janete Clair, chamada por Carlos Drummond de Andrade de "a usineira dos sonhos"; o diretor foi Daniel Filho com a colaboração de Dennis Carvalho e Marcos Paulo; e o elenco foi de primeiríssima: Antônio Fagundes, Glória Pires, Ary Fontoura, Mário Lago (comovente no papel de Alberico), Beatriz Segall, Joana Fomm e Mauro Mendonça, entre outros. Um time campeão.

Deixe-me explicar uma coisa: duas horas da tarde era um horário nobre tanto na Espanha como na Itália, onde havia o hábito da *siesta* – o *pisolino*, em italiano. Boa parte do comércio fechava por três horas para o almoço e dava tempo de as pessoas irem para casa e – por que não? – ainda assistirem a um capítulo da novela. E assim *Dancin' Days* deslanchou na Retequattro e conquistou uma audiência surpreendente para o horário das duas da tarde. Sônia Braga encantou os italianos e italianas com sua sensualidade. Toda mulher queria ser Sônia Braga. Todo homem sonhava ter uma Sônia Braga em casa. Só pra ele.

Além das novelas de época, a Retequattro selecionou para a sua programação alguns títulos com histórias contemporâneas, como *Locomotivas*, *Marron Glacé* e *Plumas e Paetês*, as três escritas por Cassiano Gabus Mendes, a última delas com a participação de Silvio de Abreu. Elas são exemplos clássicos das novelas descomplicadas produzidas nos anos 1970 que fizeram bastante sucesso na Itália.

SECRETS OF THE SAND

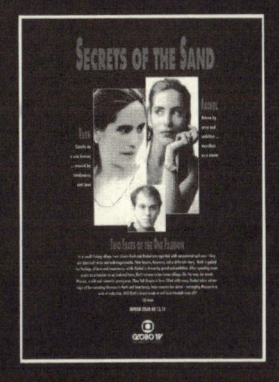

PRÊMIO MELHOR CAMPANHA DE IMPRENSA DE 1993 DA TV WORLD (INGLATERRA)

Campanha vencedora: *Secrets of the Sand* (*Mulheres de Areia*)
Criação: Geraldo Casé e José Roberto Filippelli
O anúncio foi publicado em revistas como *TV World*, *Mipcom Guide*, *Pre-Mipcom News*, *TBI* **e** *Telco Report*

Existem muitas revistas dirigidas aos profissionais que trabalham na área de distribuição de filmes e programas de televisão, e é nelas que as produtoras e distribuidoras anunciam seus novos programas e séries.

A Globo também anunciava, e, para o lançamento de *Mulheres de Areia* (*Secrets of the Sand*) na Mipcom 1993, planejamos um anúncio para ser veiculado em três páginas sucessivas da direita, sendo duas delas meias páginas verticais. No entanto, algumas revistas não aceitavam meias páginas verticais e o formato era fundamental para a realização da proposta. Assim surgiu a ideia de comprar três páginas inteiras e de usar o espaço adicional para divulgar notícias e outros produtos da Globo em estilo editorial.

O sucesso foi tal, tanto para *Mulheres de Areia* como para a TV Globo, que o anúncio ganhou o prêmio de Melhor Campanha de Imprensa de 1993.

6.
A PORTA DO MEDO

Pouco depois de ser contratado pela Globo, Eunice e eu resolvemos nos mudar com as crianças para uma casa um pouco maior. Conversei então com Dona Giulia, a proprietária da casa que ocupávamos, para ver a possibilidade de usá-la como escritório da Globo. Ela concordou. Nós nos mudamos e, na casa antiga, instalamos o escritório, inclusive com uma mesa para Monica Carpi, que trabalhava conosco desde setembro de 1977 e que, além de tudo, nos assessorava nas várias línguas que fala e escreve. O que demorou para conseguir foi a instalação de um telex para facilitar nossa comunicação com os clientes e com o Brasil.

Para os mais jovens: o telex era uma máquina usada na segunda metade do século 20, com mais ou menos 1,50 metro de altura e larga como uma mesinha para desktop. Era, digamos, um aparelho que transmitia textos misturando algo parecido com a atual internet e o velho código Morse. Tinha um teclado semelhante ao da antiga máquina de escrever, mas o processo era rudimentar comparado ao de hoje. Ao mesmo tempo que o texto era escrito, o telex arquivava tudo na memória da máquina; terminada a mensagem, apertava-se um botão para dar início à segunda etapa, que era a gravação do texto traduzido em pequenos sinais perfurados numa fita de papel com cerca de dois centímetros de largura. Aí a máquina começava a fazer um barulho alto e chato. Tac, tac, tac,

tac... O passo seguinte era encaixar a fita perfurada numa entradinha da máquina e, no telefone integrado ao equipamento, discar o número do telex de quem você queria contatar. Pronto. O lado de lá atendia automaticamente, a fita cheia de buraquinhos era engolida pela máquina e a mensagem começava a ser recebida e impressa pelo destinatário.

Complicado? Naquele tempo achávamos que era um progresso incrível. Mas, como já disse, ainda não havíamos conseguido receber nosso aparelho de telex, e, enquanto ele não chegava, era preciso ir ao correio central, onde havia umas sete ou oito máquinas para nos comunicarmos com as pessoas em qualquer parte do mundo.

Eu ia lá todos os finais de tarde para mandar telex, e às vezes era bem divertido. Por exemplo, quando a seleção jogava na Itália, todos os jornalistas brasileiros iam ao correio enviar suas matérias para os jornais, e de vez em quando eu encontrava o João Saldanha, que também tinha que encaminhar sua matéria ao Brasil. Enquanto escrevia, ele lia o texto em voz alta, e todo mundo ficava parado à sua volta para ouvi-lo. Saldanha era o mais brilhante e polêmico jornalista esportivo que o Brasil já teve. Essa é uma opinião quase unânime dos cronistas esportivos, e ainda há pouco li um artigo em que o jornalista Juca Kfouri confirma isso.

Mais uma para os jovens. Alternativas ao telex eram o telefone ou o telegrama, que já naquela época era uma coisa obsoleta. Quando me estabeleci em Roma, eu usava o telefone para falar com o exterior. Custava os olhos da cara, mas era fácil. Já quando eu queria ligar para Milão, dentro da própria Itália, ficava pendurado no telefone tentando, tentando, tentando, e depois de dez ou quinze minutos, quando conseguia ligar, era uma questão de sorte encontrar quem eu procurava. Mas finalmente o nosso sonhado aparelho de telex chegou. Estragou a estética da sala, mas certamente facilitou a nossa vida.

Um belo dia, Dona Giulia, a *principessa*, que também era nossa vizinha, me procurou. Ela disse que percebia bastante movimento na casa, via que estávamos crescendo e logo, logo iríamos precisar de mais espaço. Como éramos bons inquilinos, ela queria me oferecer um local maior, mais bonito – e, lógico, mais caro. E me levou para conhecer um lugar simplesmente espetacular.

Entramos pelo portão do palácio em que Dona Giulia morava e dali fui com ela a uma ruína com o formato de uma grandiosa capela, construída no período romano – ou seja, a ruína tinha em torno de 2 mil anos. Dona Giulia me fez olhar para o topo de uma parede, onde havia uma porta fechada, e me disse: "A entrada de vocês será por aquela porta, então vocês precisarão construir uma escada para chegar até ela".

Na parede em frente à entrada da capela tinha um pequeno altar de mármore branco e, ao lado, uma enorme mancha escura deixada pela Porta do Medo, uma das portas do Vaticano que, depois de restaurada por Giacomo Manzù, um dos grandes escultores italianos do século 20, ficou pousada sobre aquela parede durante uns bons anos, o que explicava a mancha. "Essa parede não poderá ser pintada porque é parte do patrimônio histórico de Roma", disse Dona Giulia.

Da capela, demos uma volta pelo jardim, e pela primeira vez entrei na casa dela. Subimos por uma escada interna e chegamos aonde viria a ser o nosso escritório. Precisei me controlar. Eu nunca tinha imaginado um lugar tão incrível e tentei esconder dela a minha emoção. O teto era todo coberto por afrescos seculares; o piso era de cerâmica cozida – toscana autêntica – e as paredes, as portas, tudo absolutamente maravilhoso. Ao lado de onde viria a ser minha sala havia um salão lindo que se tornaria nossa sala de reunião e projeção.

Falei para ela que tinha gostado muito, ficado impressionado mesmo, mas não acreditava ter dinheiro para pagar. O orçamento do ano seguinte já tinha sido fechado e eu não via como justificar esse gasto extra. Eu começava a negociar... Ela insistiu: "Mas quanto o senhor tem para oferecer?". Eu olhava para o chão balançando a cabeça e pedi 24 horas para fazer uns cálculos e consultar a matriz. No dia seguinte voltei a ela com uma proposta que sabia ser muito baixa para um imóvel com mais de trezentos metros quadrados e fantástico como aquele. Era tão baixa que eu poderia aprovar sem nem mesmo consultar o Rio. "O limite que meu orçamento permite, Dona Giulia, é de 2 mil dólares por mês", eu disse, com medo de estar puxando demais a corda. "É realmente muito pouco", ela respondeu. "Eu esperava algo a mais, mas me deixa pensar." "Em compensação, Dona Giulia", disse-lhe, "tenho uma boa notícia: a Globo teria interesse em ficar com o escritório atual. A ideia é trazer para a Itália a nossa empresa de discos, a Sigla – da qual faz parte a Som Livre, um dos maiores e melhores selos de música do Brasil. Aqui vai se chamar SiglaQuattro, em sociedade com a Mondadori." Ela se impressionou quando ouviu a palavra mágica: Mondadori era a maior e melhor editora de livros e de revistas da Itália.

Uma semana depois ela voltou, concordando, contanto que construíssemos por nossa conta a escada que daria acesso à porta no alto da parede da capela. Com tudo acertado, peguei uma planta da casa, tirei várias fotos e liguei para Roberto Irineu, filho mais velho de Roberto Marinho e então vice-presidente da Globo. Tinha achado um lugar literalmente principesco para nosso novo escritório em Roma.

Contei a história para ele e, como eu previa, se fosse necessário ele toparia pagar mais que o dobro daquele aluguel. "Esse é o preço de um jantar", disse-me. Bem... Combinamos uma reunião na semana seguinte no Rio, onde eu já tinha outros compromissos. Quando nos reunimos, Roberto Irineu ficou exultante com a história e as fotos que mostrei. Ter um escritório como aquele e ainda mais no alto do Aventino... uma das sete colinas de Roma... com uma capela construída dentro de uma ruína romana... Não era todo dia! E, da minha parte, eu nunca na vida poderia ter imaginado trabalhar num escritório tão bonito e prestigioso como esse.

Voltei para Roma com o arquiteto Hélio Di Nardi, o Helinho, que projetaria a escada e estudaria a utilização do espaço interno do escritório. Roberto Irineu chegou a Roma uns dias depois. Helinho já havia feito o esboço. A ideia era construir uma escada em espiral como referência. Teria o mesmo movimento, digamos, só que seria quadrada e gigantesca, toda em ferro pintado de preto com corrimões de aço escovado. Um projeto ousado e moderno, que contrastava e combinava muito bem com aquele ambiente clássico. Eu nunca tinha visto uma escada quadrada em espiral!

Roberto Irineu, com seu bom gosto (e dinheiro), decidiu ele próprio escolher o mobiliário. Fabricado pela Knoll, naturalmente. Minha mesa, por exemplo, era uma Tulip Table oval com tampo de madeira clara projetada pelo finlandês Eero Saarinen. A sala de projeção e reunião era majestosa, e os móveis de linha contemporânea se compunham extremamente bem com os afrescos no teto e das paredes.

Naquela época, Eunice já dava meio expediente na Globo, ocupando-se da espinhosa área de administração (alguém precisava controlar as nossas bagunças). Já estávamos vendendo nossas novelas, e os grandes contratos começavam a ser coisa comum. Eu gostava de trabalhar com pessoas jovens, de bom potencial, mesmo que ainda não tivessem muita experiência. Mas precisávamos de uma profissional experiente para tomar conta de tudo, e essa pessoa foi a Eunice. E a coisa andava tão bem que chamou a atenção da direção da Globo no Rio. Achavam espantoso tratar de tanta coisa com uma equipe tão enxuta.

Esse escritório incrível foi onde trabalhamos até 1985, quando transferimos a filial europeia da Globo Internacional para Londres.

7.
NEGÓCIO DA CHINA

No começo da década de 1980, na China, houve um momento em que se decidiu mudar a grafia dos nomes de pessoas, cidades e regiões para adaptá-los ao alfabeto romano, como é o nosso. A ideia era manter o som das palavras chinesas, mas acho que essa ideia não deu muito certo. Pequim, por exemplo, virou Beijing, Cantão virou Guangdong, Mao Tsé-Tung virou Mao Zedong. No Brasil, na época, pouca gente ficou sabendo disso.

Bom, um dia chegou um telex na Globo do Rio assinado por um certo Han Chuanseng e vindo de uma tal de Beijing. Na mensagem, escrita num espanhol impecável, o autor contava que a China Films estava interessada em adquirir os direitos de exibição de *Escrava Isaura* para a televisão. Ele pedia informações e videocassetes para conhecer melhor os programas.

O encarregado do centro de telex da Globo não sabia a quem entregar a mensagem, e ela ficou circulando de departamento em departamento até chegar ao Luiz Eduardo Borgerth, que me telefonou: "Filippini" – ele me chamava cada vez de um jeito, isso o divertia –, "tem aí um cara maluco que nos escreveu pedindo uns videocassetes de *Isaura*. O telex foi escrito em espanhol e assinado por alguém com nome complicado, vindo sei lá de onde. Você que adora escrever, responde pra ele, tá?". E me mandou o telex.

Não vi nada de estranho no texto, até pelo contrário: o telex tinha vindo de Beijing, capital da República Popular da China, e dizia que estavam interessados na nossa *Isaura*. Até aí, tudo normal. Respondi ao telex e, conforme solicitado, mandamos os videocassetes de dois capítulos com legendas em inglês. Mandamos também uma sinopse em espanhol e algumas cópias de um folder com mais detalhes, como os índices de audiência no Brasil e recortes de jornais falando da novela.

Poucas semanas depois recebi a resposta propondo um encontro em Beijing para discutir os preços dos direitos de exibição e para montar um cronograma com os prazos de entrega dos videoteipes, dos scripts em espanhol e de muitos outros detalhes, além de prever os custos totais da operação. Mais alguns dias recebi um convite para conhecer a China Films, deixando claro que as despesas de viagem e estadia correriam por nossa conta. O convite era indispensável para a emissão do visto de entrada na China. Sem ele, eu só entraria no país em alguma excursão organizada por agente de viagem cadastrado.

Enfim, tudo acertado, fui para Pequim, digo, Beijing, em 1988, e Han Chuanseng me recebeu pessoalmente na parte de dentro do terminal de passageiros do aeroporto, antes mesmo que eu passasse pelas autoridades alfandegárias. Do lado de fora, um carro nos esperava para me levar ao Beijing Hotel e de lá para um jantar. O carro ia com muito cuidado pelas avenidas largas, coalhadas de bicicletas. Todos vestidos iguais, com roupa estilo Mao.

Eu teria um programa extenso de reuniões, jantares e visitas a lugares famosos da cidade, começando às oito horas da manhã seguinte com um passeio turístico. O mesmo motorista que me esperou no aeroporto me levou para conhecer a Praça da Paz Celestial (Tiananmen Square), onde está o mausoléu de Mao Tsé-Tung, e a Cidade Proibida, o imenso palácio imperial construído no século 15, por onde demos uma rápida volta do lado de fora. Mais tarde eu retornaria a esses lugares para visitá-los melhor e aí, sozinho, adorei caminhar pelas ruas no meio de tanta gente que olhava com curiosidade para um ocidental andando solto por ali. Importante seria prestar muita atenção para saber o caminho de volta para o hotel.

Às dez e meia, o motorista me levou ao prédio central da China Films, onde conheci as pessoas com quem teria as reuniões e assisti a um vídeo de apresentação da empresa estatal responsável pela distribuição de filmes para os cinemas e emissoras de televisão de todo o território chinês. Segundo esse vídeo, ao todo, nessa época, a China Films tinha em torno de 500 mil funcionários. Entretanto, um plano rigoroso para desburocratizar as empresas estatais levou os cinemas e as emissoras de todo o país a serem geridos pelos municípios ou pelos governos provinciais, dependendo do caso. Em dez anos, nosso cliente passaria a ter apenas 5 mil funcionários.

Han Chuanseng era um desses 5 mil funcionários. Ele era subgerente da Divisão de Língua Espanhola, responsável pela compra e venda de filmes e programas de televisão na Espanha e na América Latina, e viajava com frequência para vender audiovisuais chineses e às vezes comprar programas. Foi numa dessas viagens que descobriu *Isaura*, então transmitida nas televisões de vários desses países e exibida em alguns hotéis em que ele se hospedou pela América Latina. Han e seus colegas não gostavam da comida ocidental e costumavam eles mesmos preparar seus pratos chineses no quarto do hotel, onde comiam assistindo televisão.

Ao meio-dia, Han, mais dois chineses e eu saímos para almoçar num restaurante formidável e depois continuamos em reunião. Trabalhamos até o final do dia, quando me levaram ao fantástico teatro da Ópera de Pequim. Eu havia chegado à China no fim da tarde anterior, e os efeitos da mudança de fuso horário começavam a agir. E na ópera, a música, o escurinho do teatro e a voz sussurrante do tradutor no meu ouvido estavam me matando de sono, mas aguentei firme. Acho que ninguém percebeu meu estado lastimável.

Foram três dias de trabalho intenso. Ao cabo, tudo foi acertado. Para fazer a dublagem para o mandarim, a língua oficial da China, precisaríamos enviar os scripts em castelhano. "*Sin problemas*", tínhamos isso pronto em Miami, onde a Globo havia dublado *Isaura* para a América Latina. Os másteres do vídeo também estavam transcodificados para o sistema PAL, usado na China e também na Europa. Só precisávamos fazer as cópias.

Combinamos que o contrato seria assinado no Rio, durante o FestRio. Han e sua comitiva viajaram para o Brasil e passaram uma semana conosco. Fizemos uma reunião no Jardim Botânico, onde fica a sede da Globo, para legalizar a venda dos direitos de exibição no território chinês, e precisamos dar um "jeitinho" no contrato. No caso, um jeitinho sino-brasileiro: havia uma questão delicada em relação ao que seriam os "direitos de exibição para o território chinês", pois, oficialmente, a República Popular da China considerava Taiwan parte do seu território nacional, enquanto Macau e Hong Kong eram consideradas regiões autônomas, com administração e línguas oficiais diferentes. Macau foi uma colônia portuguesa e tinha como línguas oficiais o português, o cantonês e o mandarim, enquanto Hong Kong foi uma colônia inglesa e suas línguas oficiais eram o inglês, o cantonês e o mandarim (hoje, tanto Macau como Hong Kong estão reintegradas ao território chinês, pondo fim ao longo período de colonização portuguesa e britânica, respectivamente). Depois de extensas discussões, foi decidido que não poderíamos vender para Taiwan, mas, sim, para Macau e Hong Kong. Superados esses problemas, estávamos prontos para assinar o contrato.

A "solenidade" de assinatura foi devidamente registrada pelas câmeras da Globo, e, para minha surpresa, exibida no *Jornal Nacional*. Eu não podia perder essa. Para fazer bonito com minhas filhas, levei um vídeo do programa na volta para Roma. Silvia, minha mais velha, começou a me gozar, fingindo indignação: "Pô, pai, assinou o contrato com uma canetinha da Varig? Francamente...". A falecida Varig costumava dar uma caneta marrom e dourada de brinde a seus passageiros. De gosto bastante duvidoso.

Aos nossos olhos, muitas coisas incomuns aconteceram na produção da versão em mandarim e na distribuição de *Isaura* no território chinês. Naquela época, a economia da China era totalmente controlada pelo Estado, e apenas duas empresas estatais tinham licença ministerial para importar filmes e programas de televisão. Uma era a CCTV, a rede de televisão de cobertura nacional; a outra era a nossa cliente, a China Films, que tinha o monopólio da compra e exibição de longas-metragens em todas – todas – as salas cinematográficas do país. A China Films também comprava programas estrangeiros para mais de oitocentas emissoras de televisão regionais e locais espalhadas pelo território chinês. Essas emissoras, todas estatais, em geral dispunham de instalações muito simples, precárias mesmo, poucos recursos e absoluta falta de *expertise* e de programas para levar ao ar.

As dublagens, normalmente de excelente qualidade, eram todas feitas no Beijing Studios, que vivia assoberbado de trabalho – tão assoberbado que, previam, cada capítulo de *Isaura* levaria uma semana para ser dublado. Como a novela tinha trinta capítulos, seriam mais de seis meses para dublar, mixar e copiar. Mas... com quinze episódios editados, ou seja, metade da novela, a China Films achou que já dava para distribuir os cassetes U-matic para as estações regionais, com a recomendação expressa de que apenas um programa fosse exibido por semana, sempre no horário nobre. Só que as estações receberam todos os quinze capítulos de uma vez...

Na região de Hubei, já na segunda semana, a audiência de *Isaura* era enorme e o público começou a ficar impaciente. Nunca tinham assistido a uma novela no estilo da nossa e queriam ver mais e mais capítulos, muitos mais, e depressa. Pressionada, a emissora cedeu e passou a exibir *Isaura* diariamente. Foi um delírio. As estações das outras regiões fizeram o mesmo: sucesso igual em todos os lugares.

O Beijing Studios não estava dando conta do volume de trabalho para a China Films e foi pressionado a entregar os novos capítulos mais depressa. Impossível. Algumas emissoras começaram a reprisar, reprisar e reprisar, exibindo só um capítulo inédito por semana. O sucesso era inacreditável.

Estive quatro vezes na China. Duas para discutir negócios, uma para participar de uma feira brasileira em Beijing e outra para um mercado internacional de compra e venda de programas de TV que ocorreu em Chengdu, capital da província de Sichuan. Em cada viagem encontrei uma China diferente. Na primeira, vi a China que imaginava. Todo mundo vestia a túnica azul-escura ou verde-oliva do presidente Mao. Os jantares que nos ofereciam eram banquetes com dezenas de pratos sofisticadíssimos e lindamente decorados. Dava até pena comer e desmanchar os arranjos da mesa.

Sempre aconteciam muitos e intermináveis discursos com tradução ora em inglês, ora em espanhol. Ao final de cada discurso, um brinde "pela paz, pela amizade e pela união dos nossos dois países irmãos". *Kampái* (saúde), e todos em pé para tomar o *mao tai*, aguardente seca feito de sorgo (uma espécie de milho), num gole só. Vários discursos, portanto, vários *kampáis*. Na primeira viagem, pouco antes de chegar a minha vez de falar, Han veio em meu socorro e disse: "Fale em espanhol olhando para aquela senhora sentada à sua frente, fazendo pausa para eu ir traduzindo. De quando em quando pode dirigir o olhar para os outros da mesa, mas é para ela que você precisa falar. Ela é a diretora-geral da China Films e membro importante do Partido Comunista. Não faça um discurso muito longo". Ao que tudo indica foi tudo bem, ela agradeceu a visita e disse esperar que essa negociação fosse apenas a semente para uma crescente relação comercial entre as duas grandes nações.

Na viagem seguinte, um ano depois, fui negociar outras novelas, todas de época. Eles queriam histórias com tramas simples, ingênuas e sofridas, como *Isaura*, e, fundamental: Lucélia Santos, a eterna Isôla, como os chineses chamavam Isaura, precisava fazer parte do elenco de todas. Eles compraram *Ciranda de Pedra* e *Sinhá Moça*, entre outras, que também tiveram boa audiência, mas nada que se comparasse a *Isaura*.

Encontrei Beijing um tanto mudada, cheia de novas construções, todas enormes e parecidas umas com as outras. Mais carros nas ruas, menos espaço para bicicletas. Uma ou outra pessoa vestia roupa ocidental, uma loja do McDonald's tinha sido inaugurada e até uns táxis rodavam pela cidade. Como sempre, trabalhamos intensamente, mas deu tempo de Han me levar para visitar o mausoléu de Mao Tsé-Tung. A fila era tão grande que tivemos de andar em passo acelerado pelas várias salas, quase correndo mesmo, até encontrar o corpo embalsamado de Mao. Era tão real que quase o cumprimentei. Fiquei comovido. Oficialmente, Mao Tsé-Tung andava em baixa: "Foi um grande líder, mas, como político, tinha muitas deficiências", disse-me um diretor da televisão de Beijing. Mas o povão não estava nem aí. Vinha de longe, de outras províncias, enfrentava filas quilométricas para reverenciar seu "grande timoneiro".

Han e eu fomos ficando amigos e ele me contou como havia aprendido espanhol tão bem e como foi parar na China Films. Disse-me que ainda era estudante quando soube, de surpresa, que tinha sido selecionado pelo Ministério da Cultura para passar dois anos em Cuba, fazendo um curso intensivo de espanhol em Havana. Um belo dia, pegou o trem para Moscou, de lá um avião da Aeroflot, a companhia aérea da URSS que oferecia voo direto para Havana, e chegou à capital cubana sozinho, sem falar nenhuma palavra de espanhol. Dominou a língua sem ganhar o sotaque do Caribe. Ao voltar para a China, com a Revolução Cultural em pleno andamento no país, foi destacado para trabalhar no campo, onde passou um ano até ser indicado para a China Films, que precisava de alguém que falasse espanhol.

Minha terceira viagem foi em 1990, um ano depois do Massacre na Praça da Paz Celestial, quando centenas de pessoas foram mortas em manifestações contra o governo chinês. Nessa viagem, Eunice e minhas filhas Silvia, com vinte anos, e Marina, com quinze, aproveitaram as férias escolares e foram também.

Han nos esperava no aeroporto com o diretor do Beijing Studios e nos levou direto para a estação ferroviária, onde embarcamos para Wuhan, na província de Hubei, uma cidade enorme e cinza que em 2020 ficou mundialmente famosa por causa da

Covid-19. Em Wuhan nos encontraríamos com os diretores da Hubei TV, a primeira emissora a transmitir *Escrava Isaura* na China, e, em nome da Globo, eu receberia uma homenagem.

Nossa viagem até Wuhan durou dezoito horas. O trem estava absolutamente lotado, com centenas (centenas mesmo) de parlamentares chineses e suas famílias voltando da Assembleia Anual do Congresso Nacional do Povo. Dezoito horas de trem, mais treze de avião de Londres a Beijing. Digamos que chegamos um tanto cansados. Ainda assim, deixamos as malas no hotel e fomos direto conhecer o Yangtzé, o maior rio da Ásia, que margeia a cidade. Em 1976, esse rio deu a Wuhan quinze quilômetros de glória, pois foi lá que Mao Tsé-Tung, aos 73 anos, teria nadado quinze quilômetros. Os chineses nos contaram isso com imenso orgulho.

Depois desse passeio, por sorte, fizemos uma pausa para tomar um chá com biscoitos num restaurante com uma enorme mesa redonda e vista para o rio. Surgiu um burburinho e vi alguns dos chineses cochicharem e saírem apressados da mesa. Pouco depois voltaram triunfantes com um vidro grande de Nescafé, para que pudéssemos tomar café em vez de chá, como estávamos acostumados, e o entregaram à Marina. Loirinha com grandes olhos azuis, Marina era uma atração especial para os chineses.

Nessa época, em Wuhan, só se viam bicicletas – os carros eram muito raros – e não se viam estrangeiros. Nós, então, chamávamos muita atenção. Ao andarmos na rua, as pessoas apontavam para nós e ficavam nos olhando, nos paravam para tirar fotografias, uma criança chegou a ser levantada no colo para tocar nos cabelos encaracolados da Marina.

Por falar em crianças, as menores tinham o fundilho das calças descosturados para poder fazer cocô e xixi perto das guias das calçadas sem precisar tirar a roupa. Depois, os chamados dejetos infantis eram recolhidos e mandados para fábricas de fertilizantes da região. Isso é estranho para nós, mas muitos países têm esse hábito, estimulados por seus governos, devido à necessidade de insumos para a agricultura.

Brindando um novo encontro com Han Chuanseng.

As diferenças culturais são mesmo muito curiosas. Em relação à alimentação, ao mesmo tempo que Han nos perguntou o que vinha a ser uma pizza, ele também nos levou para comer uma iguaria num restaurante muito especial. A essas alturas, já estávamos razoavelmente acostumados com as surpresas alimentares do país (embora Marina só estivesse comendo bolachas...), mas, quando nos serviram uma tigela enorme com uma sopa em que flutuavam pedaços de enguia, as meninas trocaram olhares e caíram na gargalhada. Eunice tentou disfarçar, inventando que uma delas tinha engasgado...

Quando voltamos a Beijing, a filha de Han se juntou a nós. Ela falava inglês muito bem e estava fascinada conosco. Segundo nos disse, era a primeira vez que conversava com ocidentais, e pediu a Silvia e Marina que não trocassem seus penteados – uma deixando o cabelo sempre preso e a outra, solto – porque, se mudassem, ela teria dificuldade para reconhecer quem era quem, assim como nós temos para reconhecer os orientais. Ela mencionou que ninguém na escola ia acreditar que ela tinha ido à Grande Muralha com os *westerns* e depois almoçado com eles num restaurante. Deu para ver que o dia que passou conosco foi muito especial para ela.

Uma das melhores coisas que o emprego na Globo me proporcionou foi conhecer figuras maravilhosas, como Han, na China, cuja família e incrível história de vida eu também conheceria, e Ítalo Zappa, um grande brasileiro, embaixador do Brasil em Beijing quando estive lá e pai da jornalista Regina Zappa, hoje minha amiga.

Eu havia recebido um convite do embaixador Zappa para um encontro na embaixada. Mais uma vez, cheguei atrasado! Nessa época, Beijing já estava infestada de táxis e as bicicletas tinham sido encurraladas para as laterais das avenidas, agora cheias de semáforos nas esquinas e vitrines iluminadas e repletas de produtos de grifes francesas e italianas. O fenômeno dessa incrível quantidade de táxis na cidade parecia ser novo, considerando a evidente imperícia da jovem motorista escalada para me levar e seu desconhecimento dos caminhos. Bom... saí do hotel para visitar o embaixador com bastante antecedência e com o endereço completo devidamente escrito em bom e claro chinês, com destaque para a frase: "Bairro das Embaixadas". Mas não conseguíamos chegar. A motorista parava toda hora para pedir ajuda e eu cheguei vinte minutos atrasado. Ainda assim, fui recebido de maneira afetuosa: "Bem-vindo, Piripéri", disse-me o embaixador, imitando a maneira como os chineses pronunciavam meu sobrenome. "Você só me arruma encrenca, rapaz... Já, já explico. Primeiro senta aí. Café ou chá?"

A encrenca era que o Departamento de Português da China Films estava exigindo que as traduções para a dublagem das novelas fossem feitas por eles, e não pelo Departamento de Espanhol da empresa, como vinha acontecendo. Expliquei que nosso contrato era com a China Films, e eles é que eram responsáveis pelas traduções – onde seriam feitas era uma decisão deles, não nossa. Ítalo pensou um pouco e disse: "Então, quem arrumou a encrenca fui eu! O pessoal do Departamento de Português está vindo para cá e chega nuns trinta minutos. Posso enfrentá-los sozinho. Mas, se você aceitar falar com eles, te ofereço outro café", propôs ele, aos risos.

Enquanto esperávamos, ele me contou ótimas histórias. Ítalo tinha servido como diplomata em cidades interessantíssimas, como Washington, Buenos Aires, Lima e Montevidéu, e, como embaixador, em Maputo e em Beijing – e ainda iria para Havana e Hanói. Ele gostava de trabalhar em lugares aonde poucos queriam ir e era um ótimo contador de histórias. E estava adorando representar o Brasil na China, esses dois países que se conheciam tão pouco.

Finalmente, duas funcionárias do Departamento de Português da China Films chegaram, educadas e sorridentes. A encrenca não foi um problema tão grande e tudo logo se resolveu. Fiquei impressionado com o português incrível delas e perguntei onde tinham aprendido a falar assim, tão bem. "Na Faculdade de Letras aqui da Universidade de Beijing. Tínhamos ótimos professores, em especial um brasileiro chamado Alfredo Gagliano." Não pude acreditar! Gagliano havia sido meu colega na agência de publicidade J. W. Thompson, em São Paulo, fugiu do Brasil logo no começo da ditadura militar e foi bater na China. Caramba! Depois de tantos anos, foi na China que fiquei sabendo dele e ainda descubro que, como eu, ele estava trabalhando na Globo – em São Paulo, com Carlito Maia, meu amigo querido. Elas também ficaram impressionadas com a coincidência.

Em seguida, o embaixador me apresentou ao jornalista Roberto Pompeu, que foi editor internacional da revista *Veja* e estava viajando pela China. O papo correu solto e o encontro ainda rendeu uma matéria sobre as atividades da Globo na China.

Minha quarta e última viagem foi para participar de um mercado de programas e equipamentos para televisão em Chengdu, capital da província de Sichuan, onde se come a comida mais apimentada que conheço. A pimenta vermelha, por sinal, é o símbolo da província.

Dessa vez fui com Juliana, minha filha do meio, e Francesca, que trabalhava comigo em Londres – nessa época eu já tinha me mudado para Londres. Primeiro passamos por Beijing, onde encontramos Han, sua assistente e um jovem funcionário da embaixada brasileira que iria conosco.

O avião que nos levou a Chengdu era um velho Tupolev de fabricação soviética e não muito bem afamado, mas a viagem foi tranquila e chegamos ao acanhado aeroporto da cidade no meio da tarde. Os organizadores do evento mandaram Wu Sa, um universitário multilíngue, nos recepcionar. Tínhamos reservado um hotel. Estávamos com Wu quando percebi que a van para o hotel já havia saído. Perguntei a Wu quanto tempo levaria para chegar a próxima van. "Não, o hotel de vocês é outro", ele nos disse. Ficamos sabendo que deveríamos ir para um hotel a quarenta quilômetros de Chengdu. Não aceitei, eu tinha reserva num hotel central, escolhido a dedo, próximo do evento, e não queria ficar em outro. Ainda mais fora da cidade.

Os chineses se surpreenderam com minha reação, não estavam acostumados a ver alguém contestar "decisões". Demonstrei estar ofendido. Disse que nunca tinha visto tratarem delegados estrangeiros daquela forma e ameacei voltar à recepção do aeroporto e pegar um avião de volta para Beijing. Meu universitário disse que o próximo avião só sairia no dia seguinte. "Eu durmo no aeroporto", falei sem nenhuma convicção.

A negociação para achar nossa vaga num hotel no centro da cidade levou bem mais de duas horas. Mas eu estava certo de que Wu ia conseguir e já havia falado para Juliana e Francesca ficarem calmas, ia dar certo. Finalmente e com grande alegria, Wu nos avisou que tinha conseguido o que queríamos, e o hotel para onde nos levou era de fato muito bom, simpático e cheirava a tinta fresca e a carpetes recém-instalados.

Enquanto tentava resolver a questão do hotel, Wu nos contou que estudava economia e queria fazer pós-graduação na Inglaterra, na London School of Economics. Prometi mandar para ele as informações necessárias para tentar conseguir uma bolsa, e assim o fiz quando voltei a Londres. Uns dois anos depois, Wu me telefonou contando que tinha conseguido a bolsa e estava morando na Inglaterra, onde mais tarde, com alguns amigos, pensava em criar uma *trading* anglo-chinesa para fazer bons negócios. "O bom do capitalismo", pensei comigo, "é ser capitalista", como dizia um velho publicitário cujo nome prefiro esquecer.

Nosso hotel ficava perto do centro de convenções – a uns dois ou três quarteirões repletos de ciclistas nas ruas. Inútil esperar que algum deles nos desse passagem: atravessar as ruas era uma tremenda negociação. Nas calçadas, todo mundo falava ao celular – a imensa maioria dos chineses nunca nem teve um telefone fixo, foi direto para o celular. Centenas de cartazes na rua advertiam a população de que corruptos seriam condenados, e um dos cartazes alertava que mais de 1.500 pessoas tinham sido condenadas à morte naquele ano. Ninguém mais vestia a túnica de Mao Tsé-Tung.

O centro de convenções estava cheio. Em poucos minutos, uns cinco chineses nos procuraram querendo comprar uma nova *Isaura*. Mas as coisas tinham mudado e existia um novo problema: o Ministério da Cultura havia limitado as séries estrangeiras a no máximo sessenta capítulos cada, e nossas novelas tinham em média 150. "Danou-se!", pensei. Mas, não, o jeitinho sino-brasileiro voltou a funcionar. Para cada novela fizemos três contratos; haveria, assim, as temporadas Um, Dois e Três, cada temporada com cinquenta episódios.

Havia uma grande expectativa na cidade pela chegada de Lucélia Santos, que seria jurada do festival de televisão de Chengdu. Mas ela não conseguiu chegar, devido a um furacão dos grandes em Hong Kong, onde aguardava o avião. Dias depois o mercado se encerrou sem Lucélia e sem grandes emoções para nós.

Han e sua assistente nos convidaram para um jantar de despedida num restaurante de comida típica da região de Sichuan. Lembrem que o símbolo da região é uma pimenta vermelha...

Devíamos ter desconfiado! O restaurante era pequeno e estava absolutamente lotado só de chineses. Quando entramos, o cheiro fortíssimo da pimenta nos deixou desorientados por alguns instantes. As lágrimas não paravam de cair dos nossos olhos e ficamos com as narinas ardendo. Sentíamos medo até de respirar. Aos poucos fomos nos acostumando, enquanto o restaurante inteiro nos observava e, sem tirar os olhos de nós, todos riam muito.

Mas o pior estava por vir. Puseram na nossa frente um enorme prato de sopa cinza fumegante. Com a colher, lentamente tentávamos descobrir o que havia dentro. Além de uma espécie de fettuccine, estava difícil identificar os outros ingredientes, até que... achei um pé de galinha. Eu que nem lembrava que galinha tinha pé. Felizmente o gosto da sopa era melhor do que a aparência. Mas, com medo do que poderia vir, disse a Han que tínhamos feito um lanchinho no fim da tarde e, que pena, estávamos sem fome... Assim mesmo fomos dormir sentindo nossos aparelhos digestivos se manifestarem e, na portaria do hotel, nos recomendaram tomar bastante água.

No dia seguinte estávamos bem e embarcamos numa tal de Western China Airways com destino a Hong Kong, onde esperaríamos cinco horas por uma conexão para Londres, ponto final da nossa viagem. Mas... aquele furacão que impediu Lucélia de chegar a Chengdu nos aguardava em Hong Kong. Quando estávamos chegando, o avião passou a balançar violentamente para todos os lados. Às vezes para baixo. Parecia um tobogã. Os passageiros começaram a gritar desesperados. Francesca chorava baixinho, mesmo tendo feito um curso na British Airways para perder o medo de avião. O tubo de um balão de oxigênio se desprendeu de uma idosa cadeirante e uma aeromoça ajoelhada no corredor vomitava. Juro, sem exagero. O avião não conseguiu pousar na primeira vez e arremeteu. Aflição. Na segunda tentativa, mesmo cambaleante, pousou, ufa.

Por sorte, tínhamos reservado uma suíte no hotel do aeroporto de Hong Kong para descansarmos. Tomamos meia garrafa de conhaque para aliviar a tensão. Meu plano de levar Juliana e Francesca para conhecerem a cidade foi impraticável. Nada funcionava na cidade além do aeroporto, e o vento assobiava forte entre os edifícios. As ruas alagadas. E pensar que cinco horas depois iríamos pegar um avião de novo, dessa vez para casa!

8.
AS VIAGENS DE ISAURA

Conheci algumas Isauras. Uma delas é a personagem principal da novela *Escrava Isaura*, que encantou os telespectadores de muitas dezenas de países; outra é Lucélia Santos, a jovem e linda protagonista da novela, recebida calorosamente nos países por onde passou; Isaura virou também um neologismo: "*Ho lavorato come una Isaura*", ou seja, "trabalhei como uma escrava", como os italianos, sempre um tanto exagerados, gostavam de mostrar o quanto estavam merecidamente precisando de um descanso depois de um dia de trabalho. E Isaura é também o nome de centenas de crianças assim batizadas na Albânia. Sim, na Albânia, na época um dos países socialistas mais fechados ao mundo, muitas crianças receberam o nome de Isaura quando Lucélia Santos virou a queridinha da televisão albanesa.

Durante a longa experiência socialista da Albânia, iniciada em 1946, o país foi gradativamente fechando suas fronteiras. Radicais, primeiro romperam relações com a União Soviética e mais tarde com a República Popular da China, ficando isolados e perseguindo uma improvável política de autossuficiência. Ninguém saía e ninguém entrava na Albânia. Mesmo assim, vendemos *Escrava Isaura* para o país – sem cruzar suas fronteiras, é claro. Foi mais ou menos assim: uma minúscula delegação albanesa, atraída pelo sucesso internacional de *Isaura*, visitou nosso estande no

A equipe da Globo no Miptv: na foto, Luiz Eduardo Borgerth, então diretor-geral da Divisão Internacional da Globo, entre Maria Ignes Alvares e Laetitia Floquet; à direita, Robert Campbell Bretas e eu.

Miptv, em Cannes, e Maria Ignes, nossa executiva de vendas, lhes vendeu a novela. Foi um sucesso total, absoluto.

Nessa época, a Globo contava com dois escritórios em Londres – Silio Boccanera dirigia o de jornalismo para a Europa e o Oriente e eu dirigia o de vendas internacionais para a Europa (exceto Portugal), a Ásia, a África e a Oceania. Tínhamos nos mudado de Roma para Londres em 1985, porque Londres era o centro europeu do audiovisual e um lugar ideal para as grandes *networks* terem um escritório jornalístico. A cidade oferecia as melhores condições técnicas para se trabalhar e, naquela época, era fundamental ficar próximo dessas facilidades e de um ponto de satélite.

O jornalismo da Globo instalou seu escritório em Camden Lock, num *media building* equipado com satélite próprio e outras facilidades, num lugar bastante central, perto de um dos canais do rio Tâmisa e o melhor lugar de Londres para trabalhar em mídia naquele momento. Já o meu escritório ficava no centro do comércio careta, a cinquenta metros do cruzamento da Oxford com a Regent Street.

Um dia, Silio Boccanera me telefonou perguntando como eram nossas relações comerciais com a Albânia, que, oficialmente, nunca tinha permitido a entrada de jornalistas estrangeiros em seu território – embora algumas "invasões" clandestinas tenham ocorrido, como a do correspondente da *Veja* em Roma, Marco Antonio de Rezende, que, vestindo a sua roupa mais fora de moda e com o cabelo escovinha (cortado por um soldado albanês ainda na fronteira), entrou de penetra com a excursão de um grupo stalinista e publicou uma grande matéria sobre como se vivia naquele país. Havia uma curiosidade grande sobre a Albânia. Como seria esse país tão desconhecido? Silio tinha planos de enviar uma equipe para lá de forma oficial, com visto, apoio logístico e tudo regular.

Pedi um tempo. Achava que Maria Ignes pudesse ajudar. Ela entrou em contato com a moça da televisão albanesa a quem havia vendido *Escrava Isaura* e de quem tinha ficado realmente amiga. A moça consultou seus superiores, que pediram à Globo que mandasse uma solicitação oficial indicando os objetivos da visita e o nome dos membros da equipe. "Vamos ver o que é possível fazer", foi resposta.

Silio foi cuidadoso na redação do pedido: "Gostaríamos de fazer uma reportagem sobre o grande sucesso da novela *Escrava Isaura* na Albânia, entrevistar telespectadores, diretores da televisão e pais e mães de crianças registradas com o nome Isaura. Também gostaríamos de mostrar ao público brasileiro alguns aspectos interessantes da vida e da cultura albanesa etcetera e tal". O principal objetivo da reportagem eram os etceteras...

A resposta foi positiva e pouco depois uma equipe da Globo embarcou para Tirana, comandada pelo então repórter Pedro Bial, que trabalhava com Silio na sucursal de Londres. Maria Ignes os acompanhou, como representante do Departamento de Vendas Internacionais e avalista do grupo. Essa foi a primeira equipe de televisão do mundo ocidental a furar o bloqueio albanês. E foi Isaura, nossa protagonista, que abriu as portas.

Lucélia Santos, a Isaura de carne e osso, não chegou a ir para a Albânia, mas esteve na China diversas vezes a convite do governo chinês. Na primeira viagem, o programado era que passasse uns doze dias lá. Ela visitou a estação da Beijing Television e também o Beijing Studios, onde a novela tinha sido dublada, conheceu vários monumentos históricos de Pequim, ou melhor, de Beijing, participou de um encontro com o ministro da Cultura e fez longos passeios pelos pontos aonde os chineses faziam questão de levar seus convidados especiais.

Em todos os lugares a que ela ia se formava uma grande aglomeração. Quando visitou o Beijing Studios estavam lá, esperando por ela, desde o presidente da empresa até a faxineira. E lhe prepararam uma surpresa especial: a visita da atriz chinesa que tinha dublado Isaura na novela. A "voz" de Isaura era uma atriz e cantora famosa e estava esfuziante. As duas se abraçaram e, com a ajuda de intérpretes, conversaram bastante e depois entraram lado a lado no prédio do Beijing Studios. Nas janelas, muitas pessoas abanavam bandeirinhas. Lucélia, a essa altura, já ganhara um buquê de flores tão grande que mal podia carregar. Ela e "sua voz" andavam pelo prédio quando todo mundo começou a cantar em chinês o tema musical da novela. "Lerê, lerê, lerê... Vida de negro é difícil, é difícil como o que..." Nos vídeos que vi, Isaura, ou melhor, Lucélia, parecia atônita, emocionada.

Quando ela foi visitar a Grande Muralha, a multidão a cercou e queria tocá-la. Foi preciso fazer um cordão de isolamento para que pudesse andar. Tenho os vídeos que mostram tudo isso. Era uma homenagem atrás da outra, além dos habituais discursos conclamando a "união entre os nossos povos amigos". Seu prestígio era tão grande que ela foi convidada para ser jurada, a cada dois anos, no festival de cinema de Chengdu.

A Globo tinha um escritório de representação em Paris, numa travessa da Champs-Élysées. Era um desses prédios com muitas facilidades – hoje seria chamado de *coworking* – em que, no andar térreo, ficavam as secretárias, o telex e as máquinas de fax que atendiam a todos os escritórios do prédio. Laetitia Flocquet, nossa representante, tinha uma sala pequena, mas suficiente para trabalhar nesse prédio e também exibir programas e fazer reuniões com clientes.

Laetitia tem dupla nacionalidade e fala francês e italiano sem nenhum sotaque e espanhol com fluência. Mãe italiana, pai francês, casada com um italiano, vive em Paris e viveu dez anos no México. Fazia amizades com uma natural facilidade – ia ao concerto de música clássica com a diretora da TF1 e trocava receitas caseiras com a compradora do Canal Plus, ambas televisões francesas. Sua área de atuação, além da França, incluía os países africanos de língua francesa e os países do Leste Europeu, onde os executivos das televisões normalmente falavam francês e espanhol, mas nem sempre inglês. Ela vendeu *Escrava Isaura* para a Hungria e a Polônia e foi com Lucélia para Budapeste e Varsóvia, dessa vez levando também Rubens de Falco, notável ator de teatro, cinema e televisão que ficou famoso como Leôncio, o grande vilão de *Escrava Isaura*.

Na Hungria, entre os vários compromissos, Lucélia foi convidada para um show no teatro de variedades. O teatro cheiíssimo, ela na segunda fila central, câmeras para todo lado e... tinha um ator no palco vestido de Isaura. Ele a imitava, cantando e tocando piano como ela na novela. A câmera acompanhava a reação de Lucélia. Rubens também fez sucesso – era bonitão, tinha um vozeirão incrível e disputava com Lucélia o protagonismo no espetáculo.

Na Polônia, outro sucesso. A TV polonesa tinha feito uma edição em livro da novela e a lançou quando Lucélia estava lá. Numa cena cinematográfica, Lucélia autografa o livro e uma fila enorme se forma e, de tão grande, sai da livraria e entra na neve, de noite, todos com casaco, luva e chapéu de pele. Cena linda.

Na Alemanha, uma pesquisa indicou Lucélia como a atriz estrangeira mais popular do país, e assim a WDR (Westdeutscher Rundfunk), principal canal regional da rede pública ARD, decidiu comprar os direitos de *Sinhá Moça*, novela escrita com muita competência por Benedito Ruy Barbosa e que conta a história de amor entre a filha de um impiedoso dono de escravos com Rodolfo, um jovem e ativo abolicionista republicano protagonizado por Marcos Paulo. Repete-se a dupla Rubens de Falco e Lucélia Santos, desta vez como pai e filha. Mais uma versão da fórmula vitoriosa do drama de um amor impossível. A trama é ambientada em 1886, dois anos antes da abolição da escravidão no Brasil.

A expectativa de sucesso era muito grande. Os alemães se esmeraram na dublagem. Contrataram os melhores tradutores e adaptadores de texto e escolheram as vozes mais adequadas. Demorou quase um ano para a dublagem ficar pronta, mas valeu a pena. Gert Müntefering, diretor de programação da WDR, brincou comigo dizendo que a versão alemã tinha ficado melhor do que a original em português. Quem sabe...

Antes de ir para a Alemanha, Lucélia passou por Londres, onde nos encontraríamos para irmos juntos para Colônia. Discutimos o plano de promoção e depois do almoço ela e Maria Ignes sairiam para passear. Elas passaram antes na minha sala para dar um *ciao* e assim, só por curiosidade, perguntei aonde iam, imaginando que fariam compras. "A Maria Ignes arrumou um cabeleireiro maravilhoso para mim e eu vou lá cortar o cabelo bem curtinho pro meu papel no *Kuarup*. As filmagens começam na minha volta ao Brasil." "Opa, peraí", eu disse. "Você não pode cortar o cabelo agora!!! Nas entrevistas, você tem que fazer o papel de Isaura, cabelo comprido e tal. É assim que todos te conhecem. Você tem que chegar fantasiada de Isaura, não de *Kuarup*!!!" Não foi difícil convencê-la. "Prometo que vou te arrumar o melhor cabeleireiro de Colônia, e lá, sim, você vai cortar o cabelo e ainda vamos conseguir uma boa entrevista numa revista de televisão."

Telefonei imediatamente para o departamento de divulgação da WDR e sugeri que na coletiva ela contasse que ia fazer o filme *Kuarup*, para o qual teria que cortar o cabelo curtinho e pretendia cortar na Alemanha. Eles avisaram a imprensa e deu no que deu.

Sinhá Moça foi lançada em Colônia com grande pompa. O primeiro capítulo da novela dublada para o alemão foi exibido num

Grande pompa no lançamento de *Sinhá Moça*, em Colônia. Na foto, Lucélia está entre Gert Müntefering e Werner Khon, à esquerda, e Wolf Zimmer e eu, à direita, os três primeiros diretores do canal WDR, da Alemanha.

evento com jornalistas e, depois de uma breve apresentação de Müntefering, Lucélia foi entregue aos leões. Aí levei um susto. Eu confiava no taco de Lucélia, mas não esperava tudo aquilo dela. Com a ajuda de um tradutor e muito segura, falou aos jornalistas sobre o prazer que foi trabalhar numa novela ambientada num momento tão importante da história brasileira, o da libertação dos escravos. Falou sem pressa, com a voz firme e pausada para dar ao intérprete alemão tempo para traduzir.

Em quinze minutos ela domou os leões. Contou da sua origem humilde e dos primeiros trabalhos nos teatros na periferia de São Paulo. Um jornalista perguntou a ela se já havia participado de algum filme: "Sim, mas o mais importante será o próximo. Chegando ao Brasil vou direto ao Parque Indígena do Xingu, nosso maior parque indígena, fazer um papel importante no filme *Kuarup*, baseado no livro de Antônio Callado e dirigido por Ruy Guerra". Os jornalistas começaram a se mexer na cadeira. Ela é um sucesso como escrava e agora fala de um filme a ser rodado entre os índios, um tema tão forte na Alemanha?

Depois de contar rapidamente a trama do filme, Lucélia disse, aparentemente contrariada: "Imaginem, vou ter que cortar meus cabelos bem curtinhos. Ninguém mais vai me reconhecer! O tempo está tão apertado que a WDR conseguiu uma hora para eu cortar o cabelo amanhã mesmo". "Onde?", "Onde?", "Onde?", perguntaram. Pronto, o corte de cabelo dela viraria capa do suplemento da *Stern*, uma das revistas de maior circulação na Alemanha. Quando chegou ao cabeleireiro, dezenas de pessoas estavam lá para filmar, fotografar e entrevistar Lucélia. A visita de Isaura, ou melhor, de Sinhá Moça, ou, melhor ainda, de Lucélia Santos, foi um enorme sucesso no país.

Como mencionei, cruzei com Isauras em vários países. Uma vez, fui a passeio com Eunice para a Hungria. Chegamos num Primeiro de Maio, Dia do Trabalhador, mas não a tempo de ver a parada militar, que diziam ser uma coisa grandiosa – esse costumava ser o principal feriado nos países socialistas. Um assistente de János Horvát, diretor da televisão húngara, foi nos receber no aeroporto, em pleno feriado. Ele era apaixonado por futebol e achou que, por sermos brasileiros, também seríamos fanáticos por futebol, então marcou para vermos DOIS jogos seguidos do campeonato húngaro! Ainda bem que o estádio era confortável e que os torcedores eram comportados. Depois do futebol, ele nos levou para jantar num bom restaurante chinês perto do rio Danúbio. O lugar era muito bonito e elegante. A surpresa foi ver na parede do restaurante uma foto imensa de Lucélia, vestida de Isaura, enquadrada numa moldura dourada. "Vou lhes apresentar ao dono", disse-me o assistente de János, e foi buscar um chinês alto, sorridente e com cara de lua cheia. Ele nos disse em tom orgulhoso que Lucélia tinha jantado ali. "Fizemos um jantar lindo para ela. Muitas autoridades vieram aqui. Até o ministro da Cultura veio e pediu autógrafo para ela", nos contou.

Na manhã seguinte, János foi tomar café conosco no hotel. Como a maioria dos húngaros, dominava uns cinco idiomas, e combinamos de conduzir nosso encontro em italiano, ele pedindo desculpas a Eunice por não falar português. Ele estava muito feliz porque tinha sido promovido a diretor do Canal 2 da televisão húngara, com direito a continuar apresentando o programa de maior audiência do horário nobre de domingo. Entregou-me dois contratos de novelas que havíamos vendido pouco antes e me mostrou, orgulhoso, a sua assinatura na última página dos contratos. "Estes são os primeiros documentos que assino como diretor da televisão; quero começar com o pé direito", disse-me. "Agora chega de trabalhar. Vou mostrar a vocês as coisas bonitas da minha cidade."

Budapeste é realmente deslumbrante. Cortada em duas pelo rio Danúbio, de um lado fica Buda, o lindo centro histórico no alto de uma colina; do outro Peste, onde se localizava nosso hotel, num elegante bulevar às margens do rio, com vista para a espetacular Buda.

Lucélia esteve também em Paris, convidada para a grande festa de inauguração da "nova" TF1, até então o principal canal público de televisão da França, que seria privatizado. O momento marcaria a privatização e, para isso, estava previsto um evento espetacular – que foi um mico. Decidiu-se reunir no show de inauguração os principais artistas que haviam estrelado os programas de maior sucesso da TF1 nos anos anteriores. O problema foi que convidaram personalidades demais para um show ao vivo, sem tempo para ensaiar antes de entrar no palco. Parecia uma festa de fim de ano de estudantes. Lucélia, vestida de Isaura (ela e outros atores estavam a caráter), teve poucos segundos para entrar em cena, receber um troféu, dizer obrigada e sair às pressas. Constrangimento geral. Os norte-americanos e os ingleses protestaram. Os jornais do dia seguinte criticaram a "nova" TF1 e publicaram com destaque entrevistas com Lucélia feitas no dia anterior.

Como alguns críticos previram, a privatização não melhorou a qualidade da televisão francesa. Ela ficou mais popular, mais superficial, talvez um pouco mais ágil e movimentada, mas a cada dia menos cultural – e nos horários em que a concorrência entre as emissoras era maior, até um tanto vulgar. De qualquer jeito, a privatização da TF1 foi o tiro de partida para a quebra do monopólio estatal na maior parte da Europa.

Escrava Isaura e *Você Decide*: novidades no bloco socialista

Trechos traduzidos de relato que recebi de János Hórvat, diretor da televisão húngara, em 1993

Em 1979, me tornei chefe do Departamento de Cinema da Televisão Húngara (MTV), onde eu já trabalhava desde 1964, e com minha formação em Literatura Espanhola e História logo comecei a "caçar" filmes e programas de televisão da Espanha e da América do Sul.

Na época – início dos anos 1980 –, praticamente todas as televisões europeias eram públicas – para não falar do bloco oriental, onde até a simples menção à televisão comercial era considerada um sacrilégio. Essa era a situação quando, em 1984, conheci José Roberto Filippelli em Roma, onde a Globo havia instalado seu primeiro escritório na Europa. Ele tentava tenazmente convencer os relutantes compradores europeus das vantagens das novelas da Globo.

Não era uma tarefa fácil! Naquela época, séries com 150 episódios teriam sido impossíveis para nós, já que a TV húngara tinha apenas dois canais e horário limitado de transmissão. Mas uma versão compacta de trinta episódios parecia viável. Aí veio a surpreendente oferta de Roberto: por que não tentar *Isaura*?

Mas como convencer meus chefes? Como é uma novela brasileira? Como será recebida pelo público?

Comecei a considerar a possibilidade. Na universidade, eu tinha conhecido a obra de Bernardo Guimarães, autor do romance em que se baseou *Escrava Isaura*, e sabia que Lucélia Santos era uma excelente atriz. Acabamos comprando, e deu certo.

A novela foi ao ar em 1986, e em poucas semanas *Isaura* tinha se tornado tão popular na Hungria que uma rede de lojas convidou

Lucélia para visitar o país e organizou a viagem. Decidiram levá-la a uma pequena vila onde, durante a transmissão da novela, os moradores começaram – aconteceu mesmo, não é brincadeira – a arrecadar fundos para libertar a escrava.

Quando Lucélia chegou no aeroporto de Budapeste havia uma nevasca tão forte que seria impossível levá-la à pequena vila. O Exército veio então nos ajudar e um avião militar foi deixado à sua disposição. Ela foi recebida e festejada como uma rainha.

Outro sinal do sucesso da novela: pouco depois de Isaura, a televisão húngara começou a produzir suas próprias séries semanais e, ao invés de usar o rótulo internacional de *soap opera*, usou o termo brasileiro – *teleregény*, telenovela, em húngaro.

Que eu saiba, o sucesso de Isaura na Hungria foi um elemento chave para a posterior difusão da Globo no bloco oriental europeu. Depois de *Isaura* ser exibida no país, as novelas da Globo ganharam luz verde na Europa Oriental. Por outro lado, também podemos dizer que a Globo estava abrindo a porta para concorrentes – poucos anos depois, as novelas mexicanas e venezuelanas praticamente inundaram as televisões locais.

Quando deixei a TV húngara, montei ema empresa independente de produção. No Miptv, em Cannes, reencontrei Filippelli e sua assistente Laetitia Floquet e assisti com eles aos primeiros episódios de *Você Decide*. Imediatamente decidi comprar o formato e, em 1996, depois de assinar um contrato com a televisão, comecei a produzir a versão húngara.

O programa se tornou muito popular e gerou centenas de milhares de telefonemas e séria discussão sobre as questões éticas levantadas pelos diferentes episódios, muitas delas desconhecidas na Hungria: pobreza e riqueza, problemas raciais e eutanásia, por exemplo, eram novas questões na agenda recém liberada no bloco oriental.

Não apenas o conteúdo, mas também o formato era novo. *Você Decide* é considerado o primeiro programa interativo na TV húngara. Ainda hoje é lembrado, citado e volta e meia imitado nas telas do país.

9.
WELCOME TO LONDON

O auge dos Beatles já tinha passado, mas o reflexo deles estava por toda parte em Londres, onde havia uma lista interminável de coisas que me atraíam. Além dos ingleses, é claro, com seu *sense of humour*, sua irreverência e sua tradição magicamente unidos. Do ponto de vista dos negócios, tudo era mais eficiente em Londres do que em qualquer outro lugar. Do ponto de vista profissional, para mim a cidade era também o centro da distribuição cinematográfica e televisiva da Europa. Estando lá, era quase possível esperar sentado que compradores de vários países nos visitariam depois de agendar reuniões na BBC, na ITV e nos escritórios dos grandes produtores norte-americanos.

Em Roma, tudo ia bem enquanto morávamos lá, mas os bons resultados das vendas internacionais tinham estimulado a Globo a criar um núcleo administrativo em Nova York para otimizar os resultados financeiros das nossas vendas e também as do Rio de Janeiro, que cuidava da distribuição para a América Latina e Portugal. Além disso, segundo os advogados da empresa, alguns deles sediados nos Estados Unidos, na Itália existia um emaranhado de leis, às vezes conflitantes, principalmente no que diz respeito à livre circulação de capitais. Havia uma insegurança jurídica.

Diante disso, numa das vezes em que estive com Roberto Irineu, conversamos sobre essas questões e ele sugeriu que transferíssemos o escritório da Globo para outro país e me falou de três alternativas: Amsterdam, que oferecia isenções fiscais e melhores condições para o nosso trabalho do que a Itália; Nova York, onde a Globo já tinha um escritório administrativo; ou Londres, que também oferecia isenções fiscais. "Se temos essas três alternativas, sugiro Londres, para ficar mais perto dos nossos clientes e do centro dos nossos negócios na Europa", eu disse sem pestanejar. Topado. Sairia de cena o "direito romano" e entraria em cena o "direito anglo-saxão".

No fundo, depois que tomamos a decisão de nos mudarmos para Londres, comecei a sentir uma certa falta antecipada de Roma. Uma saudade. As crianças estavam felizes em Roma, Eunice estava integrada à cidade e tinha feito muitas amizades. Cheguei a balançar. Roma não é uma boa cidade para trabalhar, mas é ótima para levar a vida. E eu gostava do cheiro de Roma. Cheiro de molho de tomate. Quando ia ao centro histórico, adorava a agitação do preparo do almoço. O pão, a verdura, as frutas e um queijo sendo alçados em pequenas cestas de vime até o quarto ou quinto andar dos edifícios sem elevador e depois descendo com o dinheiro para pagar o entregador. Fregueses e comerciantes discutindo a qualidade dos produtos, o absurdo custo de vida, o resultado da loteria. E eu sentia o perfume delicioso do molho de tomate sendo cozido. Entre onze e meia da manhã e duas da tarde as ruas começavam a ficar vazias e as casas e *trattorias* se enchiam com todos *a mangiare la pasta e poi la bistecca con la verdura cotta.*

Um dia, num final de agosto, chegando a Roma depois de um feriado na praia de Sperlonga, onde tínhamos uma pequena casa, todos nós ficamos deslumbrados ao ver as esquinas tomadas de carrocinhas repletas de tomate San Marzano, aquele tomate bom para fazer molho. Uma carrocinha de tomate em cada esquina, desde a entrada de Roma até a porta de casa. Tomates maduros, vermelhos e perfumados. Eunice se animou e, mal chegou em casa, foi falar com Maria, esposa do zelador do prédio, que sabia fazer o *sugo di pomodoro* em casa e se ofereceu para ensiná-la.

No dia seguinte, Eunice e Maria saíram para as compras e voltaram para casa carregando sacolas cheias de tomates e garrafas vazias e prontas para começar o trabalho. Passei o dia fora e quando cheguei os quartos ainda não tinham sido arrumados e as crianças não estavam vendo televisão. Estavam todos na cozinha trabalhando. Manchas de molho de tomate até no teto.

Um dia, um amigo da Globo foi jantar em casa, elogiou o molho do macarrão e uma das crianças contou: "Minha mãe que fez". "Sério?" "Sério." Aí Eunice, muito orgulhosa, contou tim-tim por tim-tim os detalhes da receita. No final do jantar o convidado levou duas garrafas de presente, uma para ele e outra para meu amigo João Carlos Magaldi, que me telefonou alguns dias depois cheio de perguntas e agradecimentos. A produção anual foi aumentando, aumentando, chegou a cem litros por ano e até ganhou de presente um rótulo colorido, produzido por Nelsinho Gomes, diretor executivo da área de comunicações da Globo.

Por que contei essa história mesmo? Ah... para dizer o quanto a família Filippelli estava integrada ao espírito da cidade de Roma.

Apesar do exposto, a decisão de nos mudarmos teve total apoio em casa. As filhas já estudavam em escolas internacionais de língua inglesa e fazer universidade na Inglaterra parecia um caminho natural. Eunice e eu, descendentes de italianos, prevíamos algumas dificuldades para nos habituar aos usos e costumes londrinos, mas tínhamos certeza de que valeria a pena, mesmo perdendo as regalias de morar numa cidade espetacular como Roma, perto do escritório, a dois quarteirões da escola das filhas, próximo do centro histórico e ao mesmo tempo longe da balbúrdia do intenso movimento turístico da cidade.

Foi assim que no verão de 1985, apenas quatro meses depois da conversa com Roberto Irineu, mergulhamos num tempo de empacotar, entregar a casa alugada e encontrar nova casa, novo escritório e nova escola para as filhas, deixando para trás os oito anos de Globo que vivemos em Roma e partindo para novos quinze anos de Globo em Londres.

Uma das recomendações que amigos ingleses ou que moravam na Inglaterra nos deram para nos organizarmos foi: "Primeiro encontrem a escola das meninas e depois um lugar para morar, na mesma linha do metrô". E assim fizemos. Matriculamos as filhas na International School of London e fomos morar no bairro de Golders Green, os dois endereços na mesma Northern Line do metrô. A casa precisava de uma boa pintura e de uma pequena reforma para nos mudarmos. A reforma já estava na reta final quando perguntei ao carpinteiro que montava os armários do lavabo se ele ia terminar o trabalho antes do fim do mês: "Sem dúvida, porque dia primeiro viajo para Portugal para participar de um torneio de golfe, como faço todos os anos". Choque cultural. Onde fui parar? Na Inglaterra, um operário não só faz uma viagem internacional todos os anos como joga golfe, um esporte da elite no Brasil. Coitado do meu país, tão desigual...

A casa para onde nos mudamos ficava em frente ao Golders Hill Park, uma extensão do Hampstead Heath, parque com cerca de 320 hectares onde, nos fins de semana, o tempo permitindo, jogávamos tênis nas quadras públicas ou caminhávamos por alguma trilha sem calçamento. Nos dias ensolarados o parque ficava cheio de gente correndo, brincando, fazendo piquenique, praticando golfe num cercado, jogando bola, visitando um mini zoológico ou apenas passeando.

O centrinho do bairro de Hampstead era cheio de ruas estreitas, lojas, livrarias e brechós que gostávamos de explorar aos sábados, e contava com restaurantes das mais variadas nacionalidades, de grego a indiano, japonês, francês, marroquino, italiano e, claro, Pizza Hut e McDonald's, além de um quiosque com uma creperia de onde sempre saía um perfume tentador. E tinha um restaurante chinês inesquecível, o Zen. Já saíamos de casa com a listinha dos pratos que iríamos pedir. Ainda hoje, ao encontrar os velhos amigos que ficavam hospedados em casa quando iam a Londres, nós nos lembramos do Zen com saudade. Pena que tenha fechado. E havia o cineclube Everyman, aonde eu ia pelo menos uma vez por semana e que continua lá em Hampstead.

A família Filippelli em 1986, em Londres, no jardim da casa para onde nos mudamos.

Eram muitas as novidades, e as meninas se entusiasmavam até com os dois banquinhos retráteis dos táxis londrinos. Mas também com o Hyde Park, que, em pleno centro da cidade, tem até uma escola e uma longa pista de equitação; o Regent's Park com seu enorme zoológico bem na região central de Londres; os museus incríveis e para todas as idades; e as celebridades da época com que cruzávamos seguidas vezes, como Dustin Hoffman, Boy George e Vanessa Redgrave. Mesmo assim, até hoje minhas filhas sentem saudade das amizades de Roma e frequentemente veem os velhos amigos daquele tempo.

Uma vez, num fim de tarde de inverno, eu estava caminhando em direção a um estacionamento quando vi uma certa aglomeração na frente da Tiffany, uma das mais famosas joalherias do mundo, e perguntei a um guarda o que estava acontecendo. "Tem uma pessoa muito importante lá dentro", disse-me. De repente aparece a princesa Diana, alta, de salto alto, vestindo um tailleur de padrão escocês verde e vermelho (as cores do Natal), irradiando simpatia. Linda. "Vou seguir a Diana e fazer sucesso quando chegar em casa e contar para a Eunice e as meninas que fiquei bem perto dela", pensei comigo mesmo – em casa, todos adoravam as histórias da família real, e Diana era a favorita. E lá fui eu atrás dela por três quarteirões, quase correndo, pois ela andava muito rápido. Ela foi inaugurar a iluminação de Natal da Bond Street e, depois de um breve discurso, entrou num Jaguar e foi embora. Bem... cheguei em casa, contei a história e todas elas ficaram *excited*, querendo saber mais. Até aí, tudo bem. Mas umas semanas depois, que vergonha! Passou na televisão um documentário sobre Diana e mostrava ela saindo da Tiffany – e atrás dela, um baixinho correndo... Adivinha quem era! "Poxa, pai, que papelão! E se alguma amiga da escola viu?"

Eu estava adorando a cidade, mas de vez em quando me batia saudade de Roma. Apesar dos ótimos restaurantes, a maior parte das *trattorias* italianas se rendia nessa época ao gosto do inglês – havia um excesso de molho de tomate no macarrão, de pimenta-do-reino em tudo e de vinagre balsâmico na salada; os bons restaurantes italianos eram caros... E os postos de gasolina não tinham – e continuam a não ter – frentistas, e então eu mesmo precisava regular os pneus e pôr gasolina no carro. Quando me contaram isso, perguntei ao Ricardo Pereira, que tinha sido diretor de jornalismo da Globo antes do Silio Boccanera e de quem eu logo fiquei amigo: "Como se faz essas coisas se você tiver um Jaguar?". "Aí você tem um motorista, né?", disse-me. E foi ele que me ensinou a pôr gasolina no carro, calibrar os pneus e pagar a conta pessoalmente no escritório do posto. Também foi ele que me ensinou a ter paciência com Londres: "É só pegar o jeito que você vai ver que tudo é mais simples e mais fácil do que em Roma". Precisei de uns seis meses para concordar cem por cento com ele.

Para o escritório, achamos um lindo *cul-de-sac* em plena Oxford Street e logo começamos a trabalhar com tudo funcionando direito, com profissionais tão competentes quanto os de Roma, com a diferença de que falavam várias línguas, o que facilitava muito o trabalho. Criamos uma espécie de comunidade internacional no escritório: dois portugueses, uma belga, uma dinamarquesa, uma argentina, uma moçambicana e, de brasileiros, Eunice e eu. E um só inglês na equipe, esse, claro, monoglota.

Um dia, contratamos uma recepcionista brasileira, que logo ficou grávida. Pouco depois, sua mãe me procurou, preocupada porque viu que o plano de saúde da filha não cobria parto em hospital particular e que nos hospitais públicos ela teria que dividir o quarto com outras pessoas. "Minha família não está acostumada com essas coisas. Minha filha não veio para a Inglaterra para ser tratada como uma qualquer", disse-me, indignada. Eu contei a ela que o Bupa, o plano de saúde que a Globo tinha contratado, era um dos melhores e mais caros de todos, mas, assim como os outros planos da Inglaterra, não cobria parto, porque na Inglaterra não se considera a gravidez uma doença. "Os hospitais públicos não são luxuosos, mas são bons", disse a ela. Inclusive, anos depois, minhas filhas Juliana e Marina foram a um hospital público para ter seus filhos.

Eu mesmo fiquei num hospital público quando fraturei o tornozelo jogando tênis no Regent's Park. Uma ambulância me pegou. Puseram-me numa maca pedindo desculpas por terem demorado mais de trinta minutos para chegar – com o ácido humor inglês, o motorista da ambulância comentou que sentia muito por ter se atrasado: "Houve uma emergência. As pessoas insistem em se suicidar às sextas-feiras no meio do parque e nos dão muito trabalho...", disse ele. Bem...

Fui operado, colocaram pinos. Antes de engessar, até o tornozelo desinchar, precisei permanecer quinze dias no hospital e fiquei parte desses dias com mais umas dez pessoas na enfermaria. Detalhe: a enfermaria era mista. Tinha uma velhinha grega que falava pelos cotovelos e com um inglês bem errado; ela contou, com toda a simplicidade, que tinha sido prostituta quando jovem e agora era faxineira numa escola. Outra senhora falava um inglês bem elegante e contava de sua juventude esplêndida, das *avant--premières* a que ia e dos musicais da West End a que havia assistido. Aí, quando ela teve alta, começou a chorar sem parar até que a velhinha grega foi socorrê-la.

Essa senhora tão elegante morava sozinha num terceiro andar e não tinha quem a ajudasse. "Tem, sim, eu vou te ajudar", disse a grega, e com seu andador foi até a enfermeira-chefe, que em minutos foi até a senhora chorosa e lhe disse que durante algumas semanas uma assistente social iria à sua casa todos os dias para ajudá-la no banho, no curativo e mesmo nas compras de supermercado. A senhora elegante mostrou-se aliviada, a grega ficou feliz e todos os outros internados participaram da conversa. No domingo seguinte passou um padre para visitar os pacientes. Quando ele chegou à enfermaria, a grega rapidamente juntou as mãos e olhou para o alto como se estivesse rezando, parecia uma beata. Ou uma grande atriz do cinema mudo!

Como eu precisava trabalhar, pedi um quarto individual. O chefe da enfermaria me procurou, preocupado: "Aconteceu alguma coisa? Fizemos alguma coisa errada?". Custou uma fortuna por dia, devidamente debitados ao Bupa. Passei a ter telefone, mas não tinha nem banheiro, nem a companhia dos meus amigos da enfermaria. Foi uma experiência boa, que me fez conhecer de perto o serviço público inglês. Foi até divertido.

Além do trabalho com todos os compradores e distribuidores que iam a Londres, eu me reunia com alguma frequência com Jeremy Isaacs, agora *Sir* Jeremy Isaacs, título que ganhou da Coroa britânica. Ele era nada menos do que um dos maiores documentaristas do cinema inglês, vencedor do prêmio Emmy pela direção da grandiosa série *The World at War* (*O mundo em guerra*), narrada por Laurence Olivier, em inglês e, no Brasil, por Walmor Chagas.

Nós nos conhecemos durante uma Miptv, em Cannes, num dia em que estávamos todos saindo do estande para almoçar quando ele chegou, sorridente, em mangas de camisa, falando alto e pedindo desculpas por atrasar nosso almoço. Eu não fazia ideia de quem era esse homem que foi logo dizendo em voz alta que tinha ouvido falar muito bem da Globo e, rindo, disse o que, na hora, me pareceu uma piada: "Vou comprar e logo exibir muitos dos seus programas".

Jeremy se sentou e contou uma piada, que eu repliquei com outra, e depois, mais sério, contou que o Channel 4 acabara de receber a concessão para um canal nacional no Reino Unido dirigido às minorias, criado para estimular a produção britânica independente. O canal seria inaugurado em janeiro do ano seguinte.

Ele então me contou suas ideias para o canal, que teria uma estrutura curiosa para mim. A concessão do Channel 4 exigia que todos os programas, inclusive os de jornalismo, fossem totalmente produzidos por empresas independentes. Assim, até o telejornal seria feito fora da estação, eventualmente até por alguma empresa jornalística que já produzisse outros telejornais para canais concorrentes, com possíveis opiniões divergentes sobre um mesmo tema. Jeremy adorava contar seus planos, e eu logo vi que tinha muito a aprender com ele.

Nós arregaçamos as mangas e juntos, enquanto comíamos um sanduíche cheio de maionese num enorme pão francês, vimos trechos de alguns programas. "Tenho interesse em tudo o que valorize os direitos humanos e as minorias de raça e gênero", disse. Antes de ir embora, combinamos uma reunião em Londres, onde ele morava – nessa época, eu ainda morava em Roma, e quando lhe disse isso ele se pôs a cantar bem alto uma ária de Verdi. Ainda bem que não havia ninguém no palácio de convenções naquela hora!

Depois de algumas reuniões, Jeremy me pediu para sugerir os três primeiros programas para o Channel 4 comprar. Menos de trinta dias depois, com a aprovação da sua equipe, ele me telefonou dizendo que sua diretora de compras iria para Roma negociar os três programas, que seriam *Escrava Isaura*, *Dancin' Days* e *Malu Mulher*. Decidiram legendar *Malu* – da qual falarei no capítulo a seguir – e dublar os dois primeiros para o inglês.

A dublagem de *Dancin' Days* não deu muito certo. "Paaai, a dublagem está um horror! Numa mesma família cada um fala com o sotaque de um lugar ou país diferente!", alertou-me uma das filhas. Eu não tinha percebido isso. Não existiam muitas empresas de dublagem na Inglaterra porque o país importava poucos programas estrangeiros. Não havia mercado para empresas especializadas, como existiam na Itália, no Brasil ou na França, por exemplo. Os programas importados vistos na televisão britânica vinham sobretudo dos Estados Unidos, do Canadá e da Austrália, e obviamente não precisavam ser dublados.

Mas *Isaura* deu certo, e até o penúltimo capítulo a novela fez tanto sucesso que se tornou o programa de maior audiência do horário vespertino da estação. Já o último episódio criou a maior celeuma. Sem avisar direito, o departamento de programação do Channel 4 decidiu exibi-lo meia hora antes do horário programado por causa da final de um torneio de golfe transmitido ao vivo. Houve uma gritaria geral. Foi preciso reprisar *Isaura*, mas a grade de programação só permitiria fazer isso uma semana depois. Como nosso escritório – já em Londres – era muito próximo do Channel 4, grupos de senhoras do interior conquistaram uma sala cativa no nosso espaço para ver uma, duas, três vezes o último capítulo do programa.

Pouco depois, a Globo perdeu um grande aliado dentro do Channel 4. Jeremy Isaacs deixou a televisão e foi nomeado diretor-geral do Royal Opera House, o mais importante teatro de ópera da Europa, o que acabou me reconciliando com esse gênero musical, já que fui algumas vezes à ópera a convite dele.

10.
NOVA LINGUAGEM NA TELEVISÃO

Nada como a previsão de especialistas. Quando, em 1979, três Séries Brasileiras foram lançadas no mercado internacional, imaginamos que elas seriam bem recebidas fora do Brasil. As que nos pareciam ter maiores chances eram *Plantão de Polícia* e *Carga Pesada*, com suas ambientações e temperos bem brasileiros. Ledo engano! *Plantão* foi vendida só na Alemanha e acho que nem foi exibida; *Carga* nem foi vendida. Em compensação, *Malu Mulher*, em que ninguém punha muita fé, foi um sucesso estrondoso.

Protagonizada pela atriz Regina Duarte, Malu era uma mulher tão moderna para a época que causava espanto. Recém-separada do marido – interpretado por Dennis Carvalho –, tinha uma filha adolescente, namorava muito e tentava reorganizar sua vida na sociedade machista e cheia de preconceitos. A série era tão ousada que a revista *Veja*, na época com circulação em torno de 1 milhão de exemplares semanais, chegou a fazer uma matéria de capa para *Malu* com o título "O primeiro orgasmo eletrônico". Isso diz tudo.

Essas séries eram organizadas por episódios com cerca de uma hora de duração e histórias que começavam e terminavam no mesmo capítulo (como muitas que hoje se vê na Netflix). No caso de *Malu*, como a série era muito arrojada e no Brasil os censores da ditadura "zelavam" pela moral e pelos bons costumes, dizia-se na Globo que, com ela, Boni e sua equipe estariam testando os limites da censura militar e também a disposição da família Marinho em tentar reconquistar a liberdade de expressão perdida na ditadura.

O primeiro lugar para onde levei as séries foi a Suécia, onde marquei uma reunião com Lillemor Stjernström, compradora do Canal 2 sueco. Era primavera, clima agradável, todo mundo na rua, e a sede da emissora ficava próxima de um bosque muito bonito. Lillemor me levou para conhecer a emissora, os estúdios e os seus novos chefes e dali para um restaurante maravilhoso no meio do bosque, onde comemos um ótimo peixe, conversamos bastante e bebemos outro tanto. Lillemor tinha um parente, pastor protestante, que vivia em Santo André, perto de São Paulo, e sabia tudo do Brasil. Adorava nossa música e acompanhava de perto o início da resistência sindicalista à ditadura brasileira. Era muito interessada nos movimentos nascentes do ABC paulista – "Tem um barbudo, um tal de Lula" – de quem eu ainda não tinha ouvido falar – "que está desafiando a ditadura militar", disse-me.

Na volta ao estúdio, assistimos *Plantão de Polícia*, que eu considerava a melhor das três séries. *Plantão* contava a história de um jornalista policial, meio malandro e bastante sagaz, protagonizado por Hugo Carvana. O personagem era baseado num jornalista famoso no Rio de Janeiro, o Peninha, que ao mesmo tempo resolvia os crimes cariocas e se envolvia com malandros e prostitutas de nível bem baixo.

Lillemor não gostou: "Não dá para passar na Suécia. O espectador sueco não entenderia. O ambiente é feio, o personagem está longe de ser um galã, as moças que ele namora são *disgusting* e há cenas demais de policiais violentos e celas lotadas na prisão", disse-me. "Eu soube que no Brasil tem isso, mas aqui não." Veja só, ainda passei vergonha. Ela me contou como eram as delegacias e prisões na Escandinávia e minha vergonha aumentou mais ainda.

Ela se animou ao ver o folheto de *Carga Pesada*, imaginando que, além da aventura de dois caminhoneiros – Antônio Fagundes e Stênio Garcia –, veria um tanto da paisagem rural brasileira, tão mitificada na Europa. Mas, não: os dois motoristas procuravam espelhar as dificuldades de ser caminhoneiro, com as estradas ruins, o longo percurso de Porto Alegre a Belém e as injustiças sociais que muitas vezes tratavam de reparar. Não consegui vender.

Em compensação, quando Lillemor viu *Malu*, se emocionou. Na metade do *screening*, fez uma pausa e foi buscar alguns colegas para também assistirem. A maior parte dos funcionários da emissora era mulher. Começamos de novo. Nunca cinquenta minutos demoraram tanto para passar. No final, se Regina Duarte estivesse lá, seria carregada em triunfo. A partir daí, sabe como são os clientes, não sabe? Depois de se decidirem, começam a ter pressa para receber o produto. Encheram-me de perguntas: Quantos capítulos já foram produzidos? Qual o preço? Quando podemos receber o material para tradução e legendagem?... Sofri uma deliciosa pressão.

Curiosamente, essa série sobre uma mulher tão moderna foi criada por homens, como Boni, Daniel Filho e outros, e uma parte importante dos seus vários roteiristas também eram homens – entre eles, Manoel Carlos, Euclides Marinho e Armando Costa.

Malu não tentava copiar o formato das séries norte-americanas. Era uma coisa nova, um conteúdo novo. Nunca havia sido feito nada parecido na televisão europeia. Tinha uma produção muito cuidada, um visual bonito e atores bonitos. E era ficção, baseada na nova realidade das sociedades urbanas mais modernas. Tratava de temas sérios que as televisões europeias só imaginavam discutir em mesas-redondas e *talk shows*. Uma diretora do canal sueco comentou que *Malu Mulher* "introduzia uma linguagem nova na dramaturgia televisiva mundial".

Depois de Estocolmo, levei as séries para Copenhagen, onde meu amigo Claus Ib Olsen, diretor de programação da DR2, o Canal 2 da Denmark Radio, me esperava num início de semana às dez horas horas da manhã. Ele tinha reservado dia todo para ver nossas novidades e para um almoço com vários diretores, inclusive o diretor de produção da DR2.

Claus é uma figura incrível, além de falar várias línguas com perfeição e ser gentilíssimo. Contou-me que Lillemor tinha telefonado para ele dizendo que *Malu* era uma série extraordinária e que a televisão sueca já estava em processo de compra. Que tal se marcassem uma viagem para Regina aos países nórdicos?

Antes do almoço vimos *Plantão* e *Carga Pesada*. Claus e seus colegas elogiaram muito a produção das séries, mas... mas não se interessaram por elas. A cena de uma cela de prisão havia chocado os dinamarqueses. "As celas das prisões daqui comportam no máximo quatro presos", explicou uma das assistentes de Claus.

Depois de ver as duas séries, fomos almoçar, deixando *Malu* para a parte da tarde. A conversa no almoço com os vários diretores corria bastante amena, mas eu já estava escolado. As notícias sobre o Brasil eram péssimas e eu sabia que a qualquer momento viria alguma pergunta embaraçosa: toda vez que eu viajava a trabalho as pessoas acabavam perguntando sobre a situação política do país. A Escandinávia acolhia inúmeros refugiados políticos da América do Sul, sobretudo do Brasil, e se falava muito sobre tortura de presos políticos, matança de índios e outras "coisinhas" igualmente graves. E o tema surgiu da maneira mais elegante que eles conseguiram. O diretor de produção da estação comentou estar surpreso com a ousadia da Globo por produzir programas como *Carga* e *Plantão*, que mostravam a realidade da violência urbana e rural brasileira. "A Globo não tinha problemas com os militares?", perguntou. Eu sempre fiz questão de dizer que a Globo não era estatal e que nossa produção sofria uma censura rigorosa. Tanto quanto as outras emissoras brasileiras.

De vez em quando Claus me socorria e falava, por exemplo, da alta qualidade dos sapatos brasileiros, muito populares no comércio de Copenhagen. Ele mesmo estava usando um mocassim da Samelo que era bonito e parecia confortável. Até que, de repente, depois de uma dolorosa pausa na conversação, veio de um dos executivos o comentário nada elegante, que deixou toda a sala com a respiração suspensa: "É... soube que vocês estão tendo problemas com os índios...". A matança de índios no Brasil estava nas primeiras páginas dos principais jornais da Europa, e isso certamente me deixava embaraçado. "Bem, na verdade, são os índios que estão tendo problemas conosco", respondi. Foi um alívio geral, pois eles tinham a mesma opinião.

Depois do almoço viram, gostaram e compraram uma série completa de *Malu*, que, exibida em horário nobre, foi um sucesso absoluto.

Como previsto, os dinamarqueses resolveram convidar Regina Duarte para visitar o país. Já no aeroporto de Londres, onde trocou de avião para ir a Copenhagen, ela começou a ser reconhecida por escandinavos que iam lhe pedir autógrafos. Ao chegar ao aeroporto de Copenhagen, havia uma multidão esperando por ela, com direito a empurra-empurra e muita comoção. Ela participou de *talk show* na TV e deu diversas entrevistas, que resultaram em páginas e mais páginas em revistas e jornais. Até ela ficou surpresa. Regina pensava que faria uma viagem promocional, tranquila como tantas outras que já havia feito pela América Latina, e tinha até levado o marido e os filhos para conhecerem algum novo canto na Europa. Doce ilusão!

Na Holanda, *Malu* foi outra explosão. Os jornais holandeses demonstraram surpresa com o fato de *Malu*, uma série tão arrojada, ter sido produzida num país de terceiro mundo. "Não sabíamos que o Brasil tinha uma sociedade tão moderna", comentavam nos jornais.

Sir Jeremy Isaacs, diretor-geral do Channel 4 britânico, comentou comigo que *Malu* era o melhor exemplo da imagem pública que ele gostaria de associar ao seu canal. No entanto, na Grã-Bretanha o programa teve uma audiência discreta. O canal tinha superavaliado a capacidade do espectador de seguir programas estrangeiros apenas com legendas, e o resultado não foi bom. Depois dessa experiência, inclusive, entre os programas em língua estrangeira sobraram apenas as produções em italiano, em francês e nos idiomas da Índia, de Bangladesh e do Paquistão, países com comunidades imensas no território britânico.

Na Grécia, onde os programas foram exibidos com legendas, a série foi bem a ponto de massagear o ego do Boni, que estava de férias, viajando pelas ilhas gregas – e em algumas das mais remotas ilhas seu grupo era reconhecido como brasileiro: "Falam na mesma língua dos atores de *Malu*", diziam. O grupo era cercado pelos moradores, que comentavam sobre a fibra e a coragem de Malu. Boni voltou ao Brasil de alma lavada.

Depois de *Escrava Isaura*, nenhum programa brasileiro até então exibido nas televisões europeias fez tanto sucesso quanto *Malu*. Na Globo, todos nós percebemos que a série era uma preciosidade, e inesperadamente o seu sucesso agregou um novo valor à imagem da Globo na Europa. Enquanto as novelas se tornaram muito populares e passaram a fazer parte regular da grade vespertina de programação das televisões de muitos países, *Malu* fez a Globo ficar famosa e respeitada no norte do velho continente. Além do tema e da qualidade do texto, também a direção, a interpretação e a produção surpreenderam o público e os críticos. E não foi "só" isso. *Malu* tocava num ponto muito caro e sensível: a situação da mulher na sociedade moderna. O seu papel, os seus direitos, a luta para superar preconceitos.

Curiosamente, a série teve mais sucesso nos países do norte da Europa, onde as mulheres já haviam alcançado o patamar a que Malu pretendia chegar. Por outro lado, a dificuldade para vender o programa foi muito grande em alguns países latinos. Na Itália, por exemplo, não conseguimos romper o preconceito, e a série não foi exibida. "*Scusi, ma siamo troppo vicini al Vaticano*" (Desculpe, mas estamos próximos demais do Vaticano), disse-me com sinceridade um programador da RAI, a televisão estatal italiana.

Na Espanha houve forte pressão da igreja, e os jornais conservadores diziam que Malu tinha um amante diferente em cada capítulo, o que era péssimo exemplo para a juventude; exigiram tirar *Malu* do ar ou pelo menos exibi-la "num horário mais apropriado para o seu conteúdo provocador". Veja só como os costumes mudam. Hoje em dia vejo alguns programas espanhóis que mostram cenas de sexo entre adolescentes homossexuais e ninguém diz nada. E se diz, nem é levado a sério.

WHEN Roberto Filippelli joined Brazil's Globo TV as sales representative for Italy some 10 years ago, the company, which is the leading network in Brazil and the fourth largest commercial television network in the world, was little known outside Latin America. This has changed in the last decade with the international success of such programmes as *Malu, Woman* and *Slave-girl Isaura*. Filippelli now runs the London office as international sales director for Europe, Asia, Africa and Australasia.

Trecho de entrevista minha para a revista norte-americana *Videoage* em setembro de 1987.

" Demorou para as pessoas levarem a Globo a sério. As coisas começaram a mudar depois de *Malu Mulher*. O programa teve a rara distinção de ser popular para os telespectadores e altamente aclamado pelos críticos.

A TV Globo é sinônimo de telenovela e é considerada pioneira no gênero. Quando começamos, achavam que uma série com trinta episódios era longa demais e precisaria ser editada. Diziam que aqui na Europa não funciona uma série com mais de seis episódios. Mas hoje, quando temos uma minissérie, eles querem que tenha em torno de duzentos capítulos."

Na França foi curioso. O programa foi lançado no Festival de Monte Carlo e atraiu a atenção entusiasmada de muitos participantes. Os franceses entravam e saíam do nosso estande e voltavam mais tarde com seus colegas para reverem, juntos, o primeiro episódio da série. Estavam boquiabertos. Uma senhora se emocionou e chorou, juro. A mais encantada era Annabel Bighetti, então programadora da France 2 (na época chamada Antenne 2), que havia se divorciado pouco antes. Ela fez uma propaganda danada da série e influenciou compradores da Holanda, que acabaram fechando negócio. No entanto, ao levar seus chefes para verem o programa, eles assistiram ao piloto com impaciência e infestaram nosso estande da fumaça malcheirosa dos seus cigarros Gauloises. E não quiseram comprar. Annabel não conseguiu convencê-los de que estavam diante de um grande produto. *"Je suis vraiment desolè"*, disse-me.

A Alemanha também comprou. Mas demoramos para entrar no mercado alemão. Cada país tem seu modo de trabalhar, e eu tentava descobrir qual era o jeito alemão e não conseguia. Até atinar que os alemães eram mestres em surpreender.

Naquela época existiam duas Alemanhas. No final da Segunda Grande Guerra, os Aliados – Grã-Bretanha, União Soviética, França e Estados Unidos – dividiram o território alemão em quatro partes de tamanhos semelhantes. A União Soviética ficou com a parte oriental e os outros três países com a Ocidental. Os Aliados decidiram que Berlim também seria dividida do mesmo jeito, apesar de se localizar dentro da parte soviética. Não foi uma solução simples. O antigo território soviético se transformou na República Democrática Alemã e o território dos outros três aliados se chamaria República Federal da Alemanha. Nos tempos da Guerra Fria, como as coisas não andavam bem, com riscos de novo conflito, a Alemanha Oriental decidiu construir um imenso e alto muro para separar Berlim Ocidental de Berlim Oriental. A reunificação das duas Alemanhas só aconteceria em 1990, bastante tempo depois da história que quero contar a seguir.

Nós nunca vendemos para a Alemanha Oriental, considerada satélite da União Soviética; nossa atenção se voltava para a Alemanha Ocidental. Tentamos de várias maneiras conhecer o pessoal das televisões de lá, sem resultado. Até que num final de manhã, na Mifed, a Feira de Milão, entrou um senhor sorridente no nosso estande, me deu bom-dia e estendeu seu cartão de visitas: "Meu nome é Werner Kohn, da WDR, de Colônia, Alemanha, e estamos interessados em comprar os direitos de *Malu*".

Caí da cadeira. Ele me falou que, na primeira etapa, queria comprar os treze primeiros episódios da série. Nosso papo fluiu fácil e amistoso, até que me deu fome. Como ele também não tinha compromisso para o almoço, fomos a um bom e simples restaurante toscano a cem metros dali. Werner colecionava arte nativa e contou que possuía um quadro de Heitor dos Prazeres e uma preciosa escultura do brasileiro GTO (Geraldo Teles de Oliveira), de quem eu nunca tinha ouvido falar, e me contou que Roberto Marinho também possuía uma escultura de GTO (um dia eu vi, tinha mesmo). Fiquei amigão dele.

Acertamos tudo e combinamos de assinar o contrato em Colônia, onde eu conheceria outros diretores da WDR e onde, mais tarde, com grande pompa, lançaríamos *Sinhá Moça*. Em Colônia, Werner me convidou para jantar em sua casa para me mostrar sua coleção de obras de arte naïf, que ocupava cada milímetro das paredes, inclusive da garagem. Num jardim externo, atrás da casa, estavam expostas esculturas gigantescas. Tudo o que a família Kohn possuía, além do Volvo usado, estava lá. Devia valer uma fortuna.

Pouco tempo depois os alemães me surpreenderam de novo. Eu tinha ido para a Suíça francesa para participar da mesa de jurados do Festival Rose D'Or, de Montreux, na época o principal festival de programas de variedades da Europa e bom lugar para conhecer mais produtores e programadores de televisão. Assim que cheguei, ainda na recepção do hotel, recebi um recado deixado por *herr* Manfred Durnioc, produtor e distribuidor independente de filmes para a televisão alemã. Ele estava interessado na série *Plantão de Polícia*. Contrariando o protocolo de ter tudo agendado previamente, a Alemanha me fazia começar minha estada com alguma coisa que estava fora da agenda.

Marquei com *herr* Durnioc na mesma noite, às oito horas, no bar do hotel. As negociações duraram três noites. Assinaríamos o contrato em Berlim dentro de dez dias. Como os episódios da série tinham uma duração irregular, alguns com cinquenta e outros com quarenta minutos, o que complicaria a grade de programação da emissora, concordei em dar, como compensação, um bônus de um musical brasileiro. Manfred também ganharia o direito de editar os programas para que eles tivessem a minutagem adequada. Dias depois, mandei a ele alguns cassetes dos musicais para escolher.

Cheguei a Berlim Ocidental no meio da tarde e fui para o hotel assistir à televisão alemã – eu queria entendê-la um pouco antes da nossa reunião – e ler as anotações que Fátima Alves tinha preparado para mim sobre a Alemanha e sua televisão. Fátima, nascida em Moçambique e portuguesa por opção, foi a melhor secretária que tive na Europa: ela havia até feito uma pequena seleção de restaurantes simples para eu ir perto do hotel! Fui e vi que as lojas, cinemas e ruas do centro eram superiluminadas. Os *showrooms* de carros novos eram espetaculares, assim como eram os reluzentes veículos da Mercedes, BMW e Audi que circulavam silenciosamente pelas ruas. Nunca tinha visto tantos carros de luxo juntos.

Às oito da manhã, Manfred me buscou com seu Mercedes novíssimo para irmos ao seu escritório. Cruzamos parques grandes e bem cuidados e ele foi me falando da cidade, dos seus edifícios e das casas e ruas que tinham sido totalmente destruídos na Segunda Grande Guerra. Os russos e norte-americanos haviam bombardeado tudo o que viram pela frente. Mais tarde, Manfred me mostraria um documentário produzido por ele mesmo sobre o cotidiano das pessoas nos dias que se seguiram ao final da guerra, quando, em Berlim, as famílias começaram a sair dos abrigos para tentar achar suas casas sob os escombros ou procurar água e comida.

O escritório era grande e o ambiente simpático. Vista bonita da cidade, funcionários jovens, alegres e informais. Rapidamente assinamos o contrato, cuja minuta já tínhamos discutido à exaustão. Em seguida, os produtores entraram na sala. Eles tinham escolhido dois musicais que pretendiam fundir num só. Tudo acertado, descemos todos para um almoço leve numa *trattoria* na esquina.

Os jovens fizeram vários comentários sobre os nossos musicais, que achavam pouco alegres, meio intimistas... Era tempo da bossa nova. Imaginavam ver cantoras e bailarinas sobre um palco pequeno, como nos cabarés. Na minha cabeça surgiu a imagem de Marlene Dietrich cantando "Lili Marlene" para um grupo de soldados nazistas, mas me contive. Pensei com meus botões: "É curioso como as pessoas querem coisas 'diferentes', mas formatadas como estão acostumadas..."

Final do almoço, decidi aproveitar a tarde para conhecer Berlim Oriental, e todos à mesa tentaram me dissuadir: "Ver o quê? Lá não tem nada nem pra ver nem pra comprar. Lá é perigoso, tome cuidado...". Por fim, ofereceram-me um carro com motorista: "É mais confortável e seguro". Agradeci, mas eu queria mesmo ir de metrô. Imagine só a sensação de, sem mudar de cidade, ir para outro país e outro sistema de governo viajando de metrô! "Ninguém vai me tirar esse prazer", pensei. Deixaram-me então na Alexanderplatz, em frente à estação. Seriam só duas estações e nenhuma parada para chegar ao "paraíso comunista". O trem passou lentamente pela primeira estação, que estava abandonada, decrépita, vidros das janelas sujos e quebrados, clima de cidade abandonada de filme de bangue-bangue. Na outra estação, eu desci. Tudo antigo, limpo e feio. Para não deixar dúvidas, as paredes eram pintadas de cinza.

Passei pelo controle de passaporte sem que o soldado que me atendeu emitisse qualquer sorriso. Mais uma parada obrigatória no banco, onde troquei quarenta marcos ocidentais por quarenta marcos orientais no pau a pau. Como a moeda oriental só era conversível nos países socialistas europeus, o melhor seria gastar tudo ali mesmo. O lado oriental quase não tinha carros na rua nem luminosos nas fachadas das lojas, mas era limpo e as pessoas estavam bem-vestidas.

Eu levava um pequeno itinerário para percorrer a pé em duas horas. Não daria tempo de visitar os grandes monumentos da cidade nem o cemitério dos heróis soviéticos. Ficariam para outra vez. Fui para uma rua larga tão grandiosa quanto vazia, na qual o Exército desfilava nas paradas oficiais. As vitrines das lojas mal iluminadas exibiam roupas e aparelhos domésticos expostos sem muito cuidado.

Eu estava com sede. Entrei num bar e pedi uma cerveja tcheca, boa e gelada, que estava na vitrine. Entrei numa loja de instrumentos musicais e LPs. Os dois discos de música clássica que comprei vieram sem capa ilustrada, só com o envelope de dentro, mas a gravação era excelente. Não encontrei ninguém pedindo esmola nem dormindo na rua e muito menos tive sensação de perigo, como haviam me alertado que poderia acontecer. Passei por um birô de informações turísticas vazio de clientes. Pensei em voltar para o hotel de van, passando pelo Checkpoint Charlie, famoso nos filmes e livros de espionagem da época. Mas a última van do dia já tinha partido. Eu esperaria um táxi especial, que chegaria em quarenta minutos, tempo suficiente para continuar meu passeio, agora pelas ruas estreitas do centro da cidade, onde as fachadas dos prédios eram mal conservadas e ainda se viam buracos de balas nas paredes encardidas. Gastaria o resto do dinheiro "comunista" no táxi da volta e ainda daria uma gorjeta gorda ao motorista.

O Checkpoint Charlie era uma das três passagens existentes entre Berlim Oriental e Ocidental. A mais importante e famosa. Ao chegarmos lá, descemos do carro que me conduzia e dois soldados com uniformes diferentes (um de cada Alemanha) fizeram uma revista detalhada no carro: colocaram um arame comprido na entrada do tanque de gasolina, tiraram os bancos, suspenderam o carro com uma espécie de macaco, ao qual estava acoplado um espelho para ver se havia algo suspeito por debaixo do carro. Curiosamente, não havia nenhuma tensão no ar. O guarda, enquanto fazia essa inspeção rigorosa, batia um animado papo com o outro guarda e com o meu motorista. Se entendi alguma coisa, falavam de futebol.

A inspeção rigorosa era exigida pelas autoridades da parte oriental porque muitas pessoas haviam fugido escondidas dentro do estofamento vazio ou com crianças dentro do fundo falso do tanque de gasolina. Quando a cidade foi dividida em comum acordo entre os Aliados, vencedores da guerra, muitas famílias ficaram separadas e isoladas. Já pensou? Você mora na Praça da República, no centro de São Paulo, e seus pais na Avenida Paulista; de repente constroem um muro no meio do caminho, logo ali na Rua da Consolação, e você não pode mais visitá-los. Dá para imaginar?

Finalmente passamos o Checkpoint Charlie e lá estava eu de volta ao mundo capitalista, com suas alegrias e agruras.

Estive duas outras vezes em Berlim a trabalho. Uma, para tratar das trilhas sonoras que estavam apresentando problemas na hora da dublagem e que, no Rio, ninguém conseguia descobrir o motivo. Boni me pediu, então, para levar Antônio (é um nome fictício, logo vocês vão entender por quê), técnico da área de engenharia de som da Globo, para visitar clientes e laboratórios na França, Holanda e Alemanha, onde os problemas de dublagem foram encontrados. Laetitia Flocquet o ciceroneou em Paris, eu o encontrei em Amsterdam e de lá fomos juntos a Berlim.

Antônio era um cara curioso. Era um profissional absolutamente competente, mas muito inseguro com tudo o que lhe fosse novo. Ele tinha recebido várias encomendas de amigos e parentes, como acontecia de hábito naquela época quando alguém viajava do Brasil para a Europa. Uma dessas encomendas era um pênis de borracha. Na época não existiam sex shops no Brasil e eu, de verdade, nunca havia entrado numa dessas lojas, só tinha visto por fora. Fui com ele até o Red Light District, o bairro boêmio de Amsterdam, e entramos numa dessas casas. De repente, Antônio ficou petrificado, morrendo de vergonha de estar lá dentro, e me pediu, meio sussurrando, para eu comprar o pênis para ele. "Eu? Sem essa, a encomenda é tua, te vira, poxa!" Em cima do balcão tinha uma grande variedade de pênis para escolher: gordos, magros, curtos, compridos, brancos, pretos e até vermelhos. Antônio olhava para os lados esperando uma hora em que pouca gente estivesse por perto, sem saber qual pênis escolher, já que quem pediu não tinha especificado o tipo. Finalmente, decidiu-se por um e o pegou com as pontas dos dedos e cara de nojo.

Eu morri de rir ao vê-lo cruzar toda a loja com o rosto crispado e carregando o pênis de borracha com apenas a ponta de dois dedos da mão direita. Ele teria ainda que enfrentar a moça do caixa, uma jovem que não estava nem aí para o embaraço dele. "É para embrulhar para presente?", ela perguntou. "Você conhece nossas últimas novidades unissex? Estão com 20% de desconto", completou.

Encerrado o vexame, seguimos para o prédio da televisão holandesa, para trabalhar, e no dia seguinte fomos para Berlim Ocidental visitar Manfred Durnioc, o produtor e distribuidor da televisão alemã, e resolver os problemas de sonorização de *Plantão de Polícia*, que havia sido comprado. Em duas horas tudo estava resolvido, e Antônio quis saber se eu conhecia Berlim Oriental e se valia a pena ir até lá. "Não é perigoso?", perguntou. Dessa vez aluguei um carro com motorista e fomos juntos. Fizemos um ótimo passeio, inclusive porque vi lugares interessantes, que eu não conhecia. Antônio só não gostou de terem carimbado seu passaporte: "Será que vão implicar comigo lá no Rio, achando que sou comunista?".

A última vez que fui a Berlim Oriental foi para acompanhar Luiz Eduardo Borgerth, meu diretor no Rio, que representaria Roberto Marinho na assinatura de um acordo de colaboração entre a Globo e a televisão da Alemanha Democrática. Os países socialistas adoravam assinar acordos de colaboração que raramente tinham efeito prático, mas eles eram relevantes por outras razões. Nesse caso, além de ser bom para a Globo, seria importante para o trabalho do embaixador alemão no Brasil, que havia ficado amigo de Roberto Marinho.

Borgerth e eu descemos no pequeno e simpático aeroporto de Berlim Oriental, que tinha o pátio cheio de aviões russos da Aeroflot. Borgerth trocou um olhar preocupado comigo enquanto nos levavam até o controle de passaportes e depois para o nosso hotel. Era a primeira vez que ele pisava em solo comunista e estava animado com a "aventura".

Ele logo se surpreendeu com a facilidade que havia sido entrar no país: "Nem revistaram nossas malas!", disse-me. "É verdade, mas, mesmo nós dois sendo convidados especiais, por via das dúvidas eles retiveram nossos passaportes no hotel..." Ele deu uma sonora gargalhada e perguntou se eu sabia se a comida na prisão era boa. Hahaha.

Do hotel fomos à sede da televisão para assinar o acordo e almoçar numa grande sala que mais parecia de hotel francês de luxo. Em seguida, um diretor nos comunicou que a camarada Lúcia estava à nossa espera para nos mostrar a cidade. "Ué, quem pediu?! Ninguém nos perguntou se queríamos conhecer a cidade!", sussurrou Borgerth. Mas lá fomos nós.

A camarada Lúcia era uma jovem e simpática moçambicana e estava havia dois anos na Alemanha fazendo faculdade de Letras. O passeio de carro foi muito bom, o motorista também falava português e nos mostrou os enormes edifícios construídos pelos soviéticos depois da guerra. Mostrou-nos, também, o cemitério dos heróis soviéticos, que era impressionante. "Assim dá até gosto morrer", comentou Borgerth, dando risada.

Na volta ao hotel, fomos por uma avenida que margeava o grande muro que dividia as duas cidades. Até aqui, a cada vez que passávamos por um marco da cidade, Lúcia nos dizia detalhadamente o que era ou o que representava aquilo. Ao passarmos pelo muro, ficou calada. Borgerth lhe perguntou quantos países ela conhecia. "Polônia, Tchecoslováquia, Hungria..." E Borgerth, que estava de bom humor e a provocava o tempo todo, investiu de novo, sorrindo: "É... mas você nunca foi a esse país aí ao lado, não é mesmo?". "Não, nunca fui", ela respondeu, abaixando a cabeça e escondendo um sorriso tímido no canto da boca. Ela parecia estar gostando do jogo do Borgerth.

Como já falei, quando viajava a trabalho eu me programava para chegar aos lugares um dia antes para tentar entender um pouco como era e como funcionava a televisão do lugar, e muitas vezes mal chegava a conhecer as cidades aonde ia. Foi o que aconteceu quando acompanhei a complicada dublagem de *Malu* para o alemão. Fui três vezes a Munique, a capital da Baviera, na Alemanha, sem visitar essa cidade tão bonita fundada no século 12. Eu chegava no fim da tarde e ia direto a um hotel próximo ao Studio München, na periferia da cidade. Às oito horas da manhã do dia seguinte, o gerente de edição da WDR me pegava no hotel para acompanhar a dublagem e, depois do almoço, eu voltava para casa em Londres.

Em Munique foi assim por três semanas seguidas até que, na quarta vez, Werner Kohn, diretor da televisão alemã, me ligou de Colônia dizendo que iria a Munique para acompanhar a dublagem do último capítulo de *Malu* e depois gostaria de jantar comigo. Foi uma sorte. Ele me contou a história da cidade, falou da destruição e reconstrução decorrentes da Segunda Guerra Mundial, me levou para um passeio pelo centro da cidade e, finalmente, a um *bierhouse*, onde foi fácil concluir que o *eisbein* de Munique era bem melhor do que o que eu já tinha experimentado em São Paulo. Mas a caneca de chope era tão grande e pesada que só consegui chegar à metade.

11.
NA EUROPA AS FÉRIAS SÃO UMA COISA SÉRIA

Um dia eu estava em Malmoe, na Suécia, aquela linda cidade onde cheguei atrasado para a reunião em que vendi pela primeira vez um programa da Globo. Eu andava na rua com Åke Wihlney, aquele mesmo diretor e apresentador da TV sueca que ficou furioso comigo por ter comprado o tal programa e nós termos entregado outro (conto essa história no capítulo 4). Åke era um grande astro da televisão e não conseguia andar nas ruas sem ser parado a cada instante. Mesmo que não fosse famoso, chamaria a atenção: ele tinha mais de 1,80 metro de altura, era corpulento, barbas brancas como um Papai Noel e seus olhos eram cheios de alegria.

Åke morava num povoado de pescadores perto de Malmoe. Ele me levou para visitar um pequeno frigorífico que defumava os salmões pescados na região e, de lá, ao charmoso porto do lugarejo, justamente no dia em que os barcos de passeio estavam sendo "lançados ao mar", marcando oficialmente o fim do inverno. Em seguida, caminhamos pela rua principal do lugar, onde ele era o tempo todo parado e cumprimentado pelos moradores. Nisso, uma senhora de cabelos branquinhos o parou para conversar e mencionou alguma coisa parecida com "Malu". Åke colocou a mão no meu ombro e disse a ela, em inglês: "Esse foi o homem que trouxe *Malu* para a Suécia". Ela olhou para mim entre surpreendida e emocionada. Em seguida, segurou minha mão entre as dela e disse: "Muito obrigada! *Malu* me ajudou a dialogar com minha neta. *Malu* 'dizia' a ela coisas que eu não conseguia dizer... Muito obrigada mesmo!".

Fico emocionado até hoje quando me lembro disso. Foi num feriado de Páscoa, data que na Europa é quase tão festejada quanto o Natal e coincide com a chegada da primavera, estação do ano que leva embora os dias curtos e as noites geladas e pela qual os europeus esperam com ansiedade. Nessa época também costuma haver um pequeno período de férias escolares, em que é comum as famílias viajarem com os filhos para visitar os parentes. E a família Filippelli foi passar a Páscoa na Escandinávia a convite de Åke e de Claus Ib Olsen, diretor de programação da TV dinamarquesa. Ficaríamos metade do tempo hospedados com cada um deles, primeiro em Copenhagen e depois em Malmoe, cidades na época distantes uma hora e meia de barco uma da outra e hoje 35 minutos por uma ponte.

O grupo escandinavo era muito unido. Nos mercados de TV estavam sempre juntos nos jantares e coquetéis e sempre alegres, com uma taça de vinho branco na mão. Acabamos nos aproximando, e um dia, do nada, me perguntaram o que eu achava de ir com toda a família passar metade da Páscoa com cada um deles. Claro que aceitei!

Pegamos o avião para Copenhagen num sábado e, do aeroporto, um táxi até a casa de Claus. Quando o táxi nos deixou, Claus nos esperava todo sorridente do lado de fora da porta. Na residência havia uma mesa com sucos para as crianças, café para os adultos e um bolo caseiro para todos. Como o imóvel não era muito grande, ele nos explicou que ele e sua família dormiriam na casa da sua sogra, a poucos quarteirões dali. "Não fiquem constrangidos, minha sogra mora numa casa enorme e está adorando nos ter por perto. E vocês vão ficar mais confortáveis." Completou: "Na terça, já combinei com minha mulher e minhas duas filhas e vou fazer aqui mesmo um jantar especial para vocês. Eu trago tudo – vocês não precisam se preocupar com nada – e preparo o jantar. Depois as crianças se encarregam de pôr a louça na máquina enquanto tomamos um licor na sala". Ficamos encantados! Nunca tinha visto uma acolhida igual.

A casa era uma delícia, decorada como imaginávamos nos contos de fadas. Os móveis da copa e da cozinha eram de madeira pintada e desenhada e os dois quartos, simples e bem-arrumados, pareciam cenários de novela de época. Tinha um terceiro quartinho no alto de uma parede, um micromezanino, pouco maior que uma cama, que foi arduamente disputado por minhas três filhas. Nem saímos para jantar; ficamos beliscando o bolo e algumas delícias que Claus havia deixado na geladeira para nós. Tinha até uma garrafa de vinho branco.

Claus apareceu logo de manhã com suas filhas, que num instante estavam íntimas das nossas – num piscar de olhos, as cinco fizeram um "acampamento" no micromezanino e riam e conversavam em inglês como se fossem velhas amigas. Claus nos trouxe um mapa da cidade e indicações do que fazer e visitar. Pouco depois saímos para passear. Começamos pelo Tivoli, o principal parque de Copenhagen. Ao lado dos caminhos vimos todas as flores que a primavera trazia, inclusive a linda tulipa de pétalas negras. As crianças estavam muito animadas com os esquilos correndo pela grama e com um imenso parque de diversões, onde elas passaram horas e, quando saíram, estavam com um cheiro gostoso de criança suada. Almoçamos ao ar livre num dos vários restaurantes do parque, e a fome era tanta que as meninas nem estranharam o sabor diferente dos sanduíches abertos cheios de camarão, peixes marinados, alface, picles de pepino, cebola roxa e molho cremoso.

Na volta para casa, entramos num supermercado para reforçar a geladeira. Eunice foi distribuindo funções: "Juliana e Marina procuram leite, manteiga e iogurte; Silvia procura frutas; eu compro verduras". As crianças protestaram: todas queriam escolher os sucos, que eram tão variados, e queriam ficar juntas. Dali a pouco elas vieram, excitadas: "Não conseguimos achar o leite; em nenhuma garrafa estava escrito *latte*, leite ou *milk*". E agora? Eu tratei de escolher os vinhos.

No dia seguinte circulamos pelas ruas de pedestres no centro comercial. Com a chegada da primavera, havia atores de rua por toda parte e muitas pequenas bancas de flores nas esquinas. Combinamos com as crianças que passaríamos pelo menos uma hora na fantástica loja de departamentos Illums Bolighus, logo ali em frente, e depois o dia seria delas: poderíamos andar de barco pelos canais, comer sanduíches abertos ao ar livre e voltar ao Tivoli. Para nossa surpresa, elas não só se comportaram bem na Illums, como gostaram muito dos departamentos de móveis e luminárias – e, lógico, da parte de brinquedos. O melhor do design escandinavo, tudo lindo, tudo muito caro.

No último dia em Copenhagen, saímos para passear em Nyhavn, um canal que foi escavado no século 17 para permitir a entrada dos barcos mercantes e hoje, nos dias de sol, se enche de pessoas passeando ou comendo e bebendo num dos muitos bares e restaurantes espalhados pelo caminho. Em meados do século 19, foi lá que viveu Hans Christian Andersen, o autor dinamarquês imortalizado por seus contos infantis. O lugar é bonito e alegre. Quando voltamos para casa, Claus estava preparando para nós um incrível jantar à luz de velas.

No verão seguinte, encontrei Claus e suas filhas em Roma e fiquei feliz de poder retribuir pelo menos em parte a acolhida tão especial que ele nos proporcionou, oferecendo para ficarem em Sperlonga, na minha casa. "Vocês vão gostar de lá", disse-lhe.

Sperlonga é uma cidadezinha medieval a uns 130 quilômetros de Roma, no caminho para Nápoles. Tem cerca de 3 mil habitantes e fica no topo de uma montanha, com o mar logo abaixo, a exatos 285 degraus irregulares para chegar à praia. Nós havíamos comprado essa pequena casa – media pouco mais de cinquenta metros quadrados – e era para lá que íamos seguidas vezes nos fins de semana. Na praia, tínhamos sempre um kit reservado com dois *ombrellones*, uma mesinha e cinco cadeiras em frente à *trattoria* do Rocco, a quem pedi para, além de emprestar nosso kit ao Claus, lhe servir o primeiro almoço por nossa conta. Eles adoraram Sperlonga.

Enfim, fomos de Copenhagen para Malmoe. O navio que nos levou era, na verdade, um transatlântico em miniatura. Tinha até um cassino. Quando atracamos, Åke nos esperava no porto com três pirulitos para as crianças e uma rosa para Eunice. Ele morava numa área rural muito verde, numa dessas casas rústicas de teto bem inclinado. Ao lado da casa havia outra, menor, uma espécie de edícula de arquitetura idêntica. Era onde suas duas filhas estudavam e foi lá que ficamos. Logo saberíamos que Åke era tão bom anfitrião quanto Claus e que sua família era tão simpática quanto ele.

Passamos quatro dias em sua casa e foi ele quem preparou todas as doze refeições. Até tentei oferecer um jantar, mas ele ficou quase ofendido: "Olha aqui o que comprei para preparar para vocês" – e me mostrou a geladeira e o freezer lotados. Åke cozinhava divinamente e nos serviu iguarias como carne de rena e bacalhau fresco, que comemos pela primeira vez. No jantar ele sempre preparava peixe, precedido de ostras ou mexilhões com fritas. Depois do jantar, vestindo o smoking verde com que se apresentava na televisão, punha-se a tocar músicas de Vinicius e Tom Jobim no seu piano azul e amarelo. Sempre contava historinhas simples e engraçadas para as crianças e distribuía tarefas para todos. As crianças punham a mesa, os adultos tiravam e a esposa de Åke colocava os pratos para lavar. No primeiro café da manhã, estranhamos um pouco os peixes marinados e levemente avinagrados e/ou defumados com cebolinhas em conserva e os pães sempre feitos com farinha integral, mas nos acostumamos rapidamente e gostamos muito.

Num dos dias em que estivemos lá, orientadas pela mulher de Åke e com a ajuda da Eunice, as cinco crianças passaram a tarde pintando e decorando três dúzias de ovos cozidos, uma tradição para o almoço de Páscoa, enquanto Åke e eu fomos andar pela cidadezinha e comprar o que faltava. Foi aí que encontrei a senhora de cabelos brancos que me emocionou falando de *Malu*.

No sábado, Åke seria o juiz de um concurso local de chapéus exóticos que mobilizava a cidade, e todos nós iríamos ao desfile devidamente paramentados. Ele tinha um armário cheio de chapéus para escolhermos. Eu peguei o mais discreto que pude, um chapeuzinho chinês chamado lig-lig-lé, com trancinhas e tudo. O desfile foi um sucesso. Não lembro qual chapéu ganhou, mas tinha um com a Torre Eiffel em cima, outro com um arranha-céu, outro com um salmão de papel machê, todos muito aplaudidos.

O café da manhã do domingo de Páscoa foi simples, pois era preciso deixar espaço para o portentoso almoço. Nem sei direito o que comi, mas me lembro bem da variedade de licores nórdicos que experimentei. Ninguém jantou naquele dia. Nem dava para pensar em comida, para a tristeza de Åke. E assim, em grande estilo, acabaram nossas férias na Escandinávia: no dia seguinte, depois das despedidas emocionadas, corremos para embarcar num *hovercraft*, o barco rápido que se desloca sobre uma espécie de almofada de ar, para chegar depressa a Copenhagen e pegar o avião de volta para casa.

*

Na Europa, os feriados, e em especial as férias, são uma coisa séria. Se a família gosta de mar, ela planeja uns trinta dias à beira-mar. Se também gosta de neve e montanha, divide os trinta dias entre dois ou três lugares. O período para ir *al mare* vai de meados de maio a setembro. As cidades que não são de veraneio ficam com os serviços praticamente fechados e entregues a turistas que mal têm o que fazer além de ficar em seus hotéis.

Como os europeus, nós também viajávamos nas férias e feriados. Fomos muitas vezes para a França, onde nos encontrávamos com o casal Reali Júnior, correspondente do *Estadão* e da Jovem Pan, e Amelinha, a amiga mais doce e bonita que vive em Paris (fora as quatro filhas, uma tão bonita e querida quanto a outra e todas parecidas com a mãe). Com eles estivemos várias vezes na Normandia, onde têm uma casa de campo, e aproveitávamos para visitar as produções de Calvados da região e comprar algumas garrafas direto dos pequenos produtores. Ou, ao contrário, eles iam nos encontrar na nossa casa em Sperlonga e, mais tarde, no Algarve, no sul de Portugal, onde chegávamos sonhando com um pouco de sol.

    Logo que nos mudamos para Roma, nossa primeira viagem durante as férias escolares foi para a Grécia. Ficamos alguns dias em Atenas, visitamos algumas ilhas e finalmente voltamos para casa. Quando retornamos – ainda no período de férias escolares – encontrei meu velho Simca na porta de casa com um pneu furado e a bateria descarregada. A oficina mecânica perto de casa estava fechada, de férias. Procurei nas páginas amarelas e fiquei ligando para todas as oficinas, até achar uma que me indicou um guincho, o qual levaria meu carro – comigo junto – até uma outra oficina, no lado oposto da cidade. Tudo bem.

    Nos dias seguintes, igrejas, farmácias, bares e empórios fechados, todos com um pequeno aviso na porta: "Fechado do dia tal ao dia tal". O Emilio, dono do pequeno e sofisticado restaurante Antiquário, que costumávamos frequentar, era um gozador e ia mais longe: o cartaz na sua porta dizia "Fechado desde o dia tal", deixando em branco o dia que reabriria.

    Como as férias escolares ainda não haviam terminado e o Simca já tinha voltado a funcionar, decidimos fazer algum programa com as crianças no fim da semana. Começamos por um tipo de Simba Safári – um zoológico *drive-in* que elas adoravam. Eu dirigia com extremo cuidado para não atropelar nenhum bicho, até que no setor dos macacos um grupo cercou o carro e, sem cerimônia, os macacos fizeram cocô no para-brisa e se masturbaram na nossa frente. Silêncio total no banco da frente e risadas contidas no banco de trás.

    No dia seguinte, um domingo – guardem bem: além de férias, era domingo –, fomos conhecer Ostia Antica, um sítio arqueológico perto da boca do rio Tibre, a pouco mais de vinte quilômetros de Roma. Ostia Antica chegou a ter em torno de 100 mil habitantes no tempo dos romanos e foi abandonada depois de uma epidemia de malária. O pó cobriu tudo e a cidade ficou praticamente enterrada durante dez séculos. São oitenta alqueires surpreendentes e fascinantes de ruínas romanas que vêm sendo restauradas há décadas, mas, digamos, não é exatamente o passeio de que as crianças mais gostam.

Bem, chegamos a Ostia Antica e paramos o carro em frente a uma *trattoria* especializada em peixes e frutos do mar, na qual almoçaríamos na saída. Fizemos uma caminhada pelo parque, voltamos para o portão onde tínhamos deixado o carro e entramos na *trattoria*. Depois de uma bela refeição e um enorme sorvete, voltamos ao carro. E cadê a chave do carro? "Tá com você." "Comigo não..." A chave estava na ignição. Naquele tempo só os carros de luxo tinham o dispositivo que impedia que as portas se travassem enquanto a chave estivesse na ignição. Lógico que meu Simca branco com estofamento cor de abóbora não tinha essas modernidades. "Tudo bem, o carro tem seguro, vamos chamá-lo e isso se resolve num instante." Só que... estávamos em Roma. E era domingo!

Voltei ao restaurante e pedi para usar o telefone. Na companhia de seguros me atenderam, pediram todos os detalhes do carro e completaram: "Não se preocupe, segunda-feira na primeira hora estaremos aí". "Mas como apenas na segunda??? Estou a 23 quilômetros de casa, preciso que o serviço seja feito agora!" "*Impossibile, oggi è Domenica!*"...

Não consegui convencer o cara da seguradora, e a única solução seria entrar no carro de algum jeito menos ortodoxo. A essas alturas já tinha uma pequena roda de gente em volta do carro, todos dando palpites e tentando ajudar. Um foi buscar um arame comprido e fez um laço na ponta para tentar levantar o pino que mantinha a porta trancada. Depois de quase uma hora, o dono do restaurante me chamou de lado e disse, baixinho: "Vejo que o senhor está em dificuldade. Se quiser, existe uma solução. Posso chamar um desses meninos que ficam por aí aos domingos para tomar conta dos carros da praça. Eles sabem como abrir". Hesitei um pouco, mas topei. Deixei um "troco" com o dono do restaurante para pagar o "serviço" e em segundos o garoto abriu a porta sob os olhares de admiração e alguns aplausos.

※

Outra viagem de férias inesquecível que fizemos foi para Dacar, a capital e maior cidade do Senegal, onde ficamos duas semanas num Club Méditerranée bem próximo da cidade. Minhas filhas – eta saudade do sol! – passavam o dia todo na praia, na piscina e nos jogos que eram organizados pelo clube. Eunice e eu aproveitávamos para conhecer a cidade. Um dia, visitamos um pequeno antiquário onde comprei um quadro que hoje fica na entrada do meu apartamento em São Paulo, com um desenho de diferentes cortes de cabelo masculino e uma tabela de preços para cada tipo de corte. Meia hora antes, tínhamos visto ao vivo e a muitas cores os barbeiros cortarem os cabelos no meio da rua, em frente ao mercadão de frutas, verduras, roupas e muito mais, exatamente como no quadro.

Dias depois, eu quis voltar ao antiquário, e na porta do hotel peguei um táxi caindo aos pedaços. Na estrada que ia para a cidade fomos parados por uma blitz. O motorista não tinha nenhum documento – nem dele nem do carro. O taxista pediu que eu me mantivesse calmo, porque tudo ia dar certo. Dali a pouco, ele, o guarda da blitz e eu fomos até um bar com mesas na calçada. Os dois começaram uma longa negociação num francês misturado com outra língua e... os dois de mãos dadas. Cheguei a pensar em pegar um outro táxi, mas por quê? Eu estava curtindo a cena. Eles precisavam negociar. Nós nos sentamos. Os dois pediram refrigerantes e eu uma cerveja, que veio sem gelo. Os dois conversando e sorrindo sem parar... de mãos dadas. No fim, o taxista me pediu dinheiro emprestado para dar ao guarda. Quanto? Era menos que o preço da corrida que eu ainda não tinha pagado. A negociação durou séculos e, a essas alturas, nem daria mais para ir ao antiquário, que já devia estar fechando. Voltamos ao hotel. O motorista foi até a recepção e voltou com o dinheiro que eu tinha adiantado. Não podia cobrar a corrida porque, afinal, não tinha me levado aonde eu queria. O show foi grátis.

In a Brazilian TV Hit, Morality Is a Matter of Public Opinion

New York Times, 24 de julho de 1994

"Num *hit* da televisão brasileira, a moralidade é uma questão de opinião pública"

Numa matéria com bastante destaque, o *New York Times* comenta o grande sucesso de *Você Decide* no Brasil e no mundo, da Rússia à Turquia, Angola e Holanda. Segundo a autora da matéria, a jornalista Elizabeth Heilman Brooke, o programa coloca questões éticas desafiadoras sobre temas como pobreza, raça, sexualidade e religião, e comenta que alguns críticos de televisão chegaram a compará-lo à obra de Luigi Pirandello, o autor italiano que frequentemente contrapunha ilusão e realidade. "O show é um sucesso porque os dilemas colocados são universais", afirma na matéria o diretor executivo da DLT Entertainment Ltd., a empresa de Nova York que comprou os direitos do formato.

12.
DER BESTAMMER, UM ENORME SUCESSO

Acreditem: *Você Decide* foi o primeiro programa interativo produzido e exibido na Europa. Estávamos em 1992. Na Europa e nos Estados Unidos o tema estava na pauta e se estudavam alternativas para a criação de um programa no qual o público participasse do seu desenrolar. Muitas empresas de TI estavam desenvolvendo *softwares* para isso. Boni chegou nessa época de Nova York e logo se reuniu com Daniel Filho e sua equipe. "Já tenho umas ideias, mas quero sugestões de vocês no prazo máximo de uma semana para lançar um programa interativo no Brasil em três meses, não mais". Na semana seguinte, a cúpula de criação e produção ficou reunida um dia inteiro na sala do Boni e só saiu de lá ao chegar a um formato genialmente simples, na linha da ficção, que é o que a Globo sempre fez de melhor.

Em poucas semanas a ideia de *Você Decide* estava formatada. Seriam vários episódios com duração aproximada de trinta minutos cada, nos quais uma história seria contada em três blocos mais o final, com intervalos entre as partes. A cada bloco o público seria convidado a votar em uma de duas alternativas e, após o terceiro bloco, decidiria como o episódio terminaria.

Pode ter acontecido antes, mas foi nesses episódios que vi, pela primeira vez, um intervalo comercial ser tão bem usado para criar suspense num programa de televisão. Para ilustrar, numa das histórias, um pai de família estava desempregado havia meses – aluguel atrasado, filhos precisando ir ao dentista, situação em casa cada dia mais caótica. Ele é chamado para uma entrevista de emprego em São Paulo, pega um avião, apresenta-se e não consegue a vaga, é recusado. Na volta, no avião, senta-se ao lado de um passageiro que começa a se sentir mal. O passageiro pega sua malinha 007 e pede ao desempregado para, caso lhe aconteça alguma coisa, entregar a mala para... Não deu tempo de falar. O passageiro teve um enfarto e, ao chegar ao Rio, foi rapidamente socorrido por uma ambulância. O desempregado acaba ficando com a mala sem saber o que fazer com ela. No hall do aeroporto, morrendo de curiosidade, senta-se, abre a mala e olha furtivamente para dentro dela. Leva um susto: está abarrotada de notas de cem dólares.

Primeiro intervalo: sem saber a origem do dinheiro, o desempregado, que aqui vamos chamar de Joaquim, deveria procurar o dono da mala ou ficar com o dinheiro e resolver sua vida? Os telespectadores deveriam telefonar, gratuitamente, para um de dois números para dar sua resposta: número um para sim – ficar com o dinheiro – e número dois para não, ou seja, devolver o dinheiro. A maioria votou para ele ficar com o dinheiro.

No segundo bloco, Joaquim vê pela televisão que o presidente de uma instituição de caridade havia tido um enfarto num voo São Paulo-Rio e morrera. É claro que era o dono da mala. A instituição precisava do dinheiro, que tinha sido doado por uma ONG internacional. Humm, devolver o dinheiro seria a coisa certa a fazer. Só que ele também precisava da grana: sua mulher reclamava da necessidade urgente de ir ao dentista, ele recebera uma carta da direção da escola dos filhos dando só mais dez dias para pagar as mensalidades atrasadas, um aviso da imobiliária informava que ele seria despejado se não pagasse o aluguel...

No segundo intervalo, a pergunta: "O que vocês acham que ele deve fazer: devolver o dinheiro ou pôr a vida em dia?". Dessa vez, a maioria votou para ele devolver o dinheiro.

Na sequência, Joaquim vai conhecer a instituição de caridade, achando que isso o ajudaria a decidir. O lugar era simples, mas cuidado com carinho. Ele fica vendo as crianças jogarem bola num pátio e se sensibiliza. Decide devolver o dinheiro. Antes de ir embora, porém, vai mais para perto do campinho. A bola corre para seu lado e ele quer devolvê-la às crianças. Nisso, um dos meninos começa a tratá-lo grosseiramente: "Qualé, babaca! Nunca viu pobre, não? Quando eu sair daqui vou te foder. Vou quebrar a tua cara e levar tua roupa de bacana. Vai pra lá, porra!". Joaquim, agora, balança e já não sabe mais se devolve ou não o dinheiro.

Terceiro intervalo: "O que você acha que ele deve fazer?". "Sim" para devolver, "não" para ficar com o dinheiro.

Até aqui, o programa ia levando o público a mudar de ideia a cada intervalo. Já no último bloco havia sempre dois finais prontos e só o escolhido pelo público iria ao ar. E o público decidiu que Joaquim deveria ficar com a grana. Joaquim, então, vai de novo à instituição procurar o diretor e diz a ele que ficou comovido com a história do sumiço da mala e gostaria de lhe mostrar uma campanha publicitária que havia preparado espontaneamente para levantar donativos. Já tinha conseguido o apoio de jornais e emissoras de televisão e rádio. Eles não cobrariam nada. Final feliz: em poucos meses a casa de caridade ganhou muito mais do que o conteúdo da maleta.

Você Decide foi um sucesso arrasador no Brasil, mas, quando vi o primeiro episódio, não me animei muito. A qualidade da produção era modesta, os atores, desconhecidos. O programa tinha sido criado, segundo me informaram, para ser um programa-escola, visando desenvolver novos talentos, e ocupava um horário destinado a dar oportunidades a novos autores, diretores e atores. Ou seja, os episódios não apresentavam todos os elementos para alcançar o "padrão Globo de qualidade".

Até que num certo dia a produtora independente alemã Phoebe Clarke me telefonou. Ela tinha visto o programa numa viagem ao Brasil e estava impressionada com seu potencial. "É um programa ideal para a venda do formato", disse-me – e era isso que ela queria: comprar o formato. Já havia até um cliente interessado, o Studio Hamburg, da Alemanha. Ou seja, a ideia dela era usar o roteiro da Globo e produzir o programa em seu país, com atores e diretores alemães. Afinal, a melhor televisão do mundo é a do próprio país.

Fiquei intrigado, curioso, ligado, mas não estava certo sobre a viabilidade dessa operação. No entanto, sem dúvida era um programa interativo, coisa que todo o mundo tentava criar.

Eu sabia que a Globo detinha os direitos sobre a obra completa, mas não sabia se isso incluía a comercialização apenas do roteiro. Procurei entender como funcionavam os acordos entre os norte-americanos e os australianos, que estavam começando a comercializar os formatos de suas *soap operas* com a Endemol, a maior produtora independente europeia, na qual eu tinha conhecidos. Telefonei para um deles, que me convidou a conhecer os estúdios da produtora, e lá me explicaria tudo sobre a comercialização de "formatos".

Dias depois eu estava nos arredores de Amsterdam visitando as esplêndidas instalações da Endemol, que ficavam logo em frente de um lindo mercado de flores com tulipas de todas as cores. Recebi as informações que pedi e acabei ficando um dia a mais com eles, que me revelaram suas intenções de produzir novelas brasileiras em associação com a Globo para o mercado europeu. Eles já produziam *soap operas* e séries com outros países. Com a Globo não deu certo, mas essa é uma história que fica para uma outra vez.

Na volta para a base, com Maria Ignes em Londres e Geraldo Casé no Rio, começamos a montar nosso primeiro projeto de venda de formatos. Havia novos e diferentes desafios: era preciso, por exemplo, elaborar orientações para o comprador em relação ao número de ambientes (locações e estúdios) a serem usados, aos cenários, ao elenco, aos efeitos musicais e de ruídos, ao vestuário – além de obter a aprovação da diretoria da Globo para eventualmente vender o formato.

Escolhemos três episódios e Casé saiu em busca da ficha completa dos três. Não foi uma tarefa fácil, porque nem tudo tinha sido registrado no papel. Às vezes, por exemplo, a sonoplastia era feita em cima da hora e nem sempre se anotava quais os sons e efeitos necessários para compor as trilhas sonoras. Mas, por favor, não pense que a produção da Globo era uma bagunça. Os técnicos é que eram muito experientes e "tocavam as coisas de ouvido", com muita rapidez e eficiência, deixando para depois a documentação do que faziam.

No entanto, para nós, da Divisão de Vendas Internacionais, isso acabou sendo um problema muito grande. Imagine o tempo que levaria para levantar todos os registros! Para uma novela de 150 episódios, fazia-se só um grande plano de produção. Para *Você Decide*, cada episódio exigia um plano diferente para atender a roteiros diferentes. Dá para entender? Casé precisou de quase dois meses para fazer esse levantamento.

Resolvida essa etapa, chegava a hora de preparar uma pasta de apresentação para tentar convencer a direção da Globo. Ainda não usávamos PowerPoint nem outras modernidades comuns nos dias de hoje. Então, como fazer? Decidi começar falando em particular com cada um dos envolvidos.

Roberto Irineu ficou animado com a ideia, achou uma maravilha essa engenharia toda para abrir novos mercados. Boni também gostou, mas, por cautela, consultou a área administrativa para saber se teríamos problemas principalmente com os autores, mas também com os atores e diretores da série. "Alguns problemas... mas dá pra contornar." Por fim falei com Jorge Adib, que havia substituído Luiz Eduardo Borgerth na direção da Divisão de Vendas Internacionais, acumulando essa área com a direção do setor de *product placement*, que é o merchandising ou publicidade em forma de editorial dentro dos próprios programas. Jorge foi completamente contra: "Vai criar uma revolução aqui na casa. Os autores e atores vão encher meu saco o dia inteiro pensando que estão sendo traídos. Vende o programa pronto, porra, como você fez até agora com todos os outros!".

Tentei dar minhas razões, mas Jorge nem queria ouvir e me perguntou se eu já tinha falado com o Boni. "Sim!" "O que ele disse?" "Ele gostou muito. Também achou que poderia criar problemas, mas a direção artística teria como controlar a possível crise de ciúme dos artistas. O autor seria compensado." Esse era o toque de mágica para Jorge aprovar uma ideia nova.

Eu conhecia Jorge Adib desde quando ele se mudou de Botucatu, cidade do interior paulista, para São Paulo e morou no prédio vizinho ao meu, numa ruazinha paralela à Avenida Angélica. Ele fez amizade com minhas irmãs mais velhas e jogava buraco com elas e outros amigos nos fins de semana. Lembro que ele trabalhava na Rádio São Paulo e de lá entrou primeiro no mundo da publicidade, onde até foi chefe do Boni numa agência multinacional. Depois foi representante no Brasil da distribuidora de televisão norte-americana CBS International. Ficou importante, mas continuou a ser simples como sempre foi. Depois foi para a Globo, onde criou e dirigiu a Apoio, empresa responsável pelo merchandising da emissora. Mais tarde passou a dirigir a Divisão de Vendas Internacionais no lugar do Borgerth.

No dia seguinte, Roberto Irineu me perguntou como andava o projeto de *Você Decide* e resolveu marcar uma reunião geral na sua sala. Cenário da reunião: todos sentados em volta da mesa de Roberto Irineu conversando de trivialidades antes de realmente começar a reunião. "Gravata nova, Filippelli? Porra, você deve gastar tudo o que ganha em gravatas." "Ontem, no jantar, tomei um vinho que não me caiu bem. Boni, o que é bom para curar ressaca?" (Três coisas de que Boni adora falar são televisão, vinhos e remédios, além do essencial, é claro.) E a conversa rolou solta até Jorge pôr ordem na mesa: "Vamos falar de trabalho? Tenho uma reunião daqui a pouco com o novo presidente da TV portuguesa, que chega em trinta minutos, e vamos assinar um acordo novo que prevê 20% de aumento nos preços".

A reunião começou. Expliquei como funcionaria o formato, dei uma cópia do dossiê do projeto a cada um, falamos, falamos, falamos e aí Boni perguntou se não daria mesmo para vender o programa pronto, como estava. Resumi a história, mostrando que a ideia era outra. "Então tá bom, mas só se você vender no mínimo pela metade do preço do programa pronto", disse ele. "Metade? Vou vender pelo dobro, você vai ver!", respondi de forma ousada. Tudo certo. O projeto foi aprovado, agora "só" faltava vender.

Ainda do Rio, liguei para para Phoebe e ela ficou feliz da vida com a notícia. Mas seis meses já haviam se passado desde minha conversa inicial com ela: primeiro, ela teve que superar a minha resistência; depois, eu não conseguia resolver a parada sem o levantamento feito pelo Casé; ainda precisei ir ao Rio para uma reunião para, finalmente, convencer e superar a resistência interna na Globo.

Enfim, tudo aprovado, no dia seguinte Casé e eu ficamos vendo e escolhendo episódios para fazer um pacote com treze programas iniciais, que levei para Londres. Legendamos três dos episódios e os levei para o Miptv, em Cannes, onde a reação não foi tão boa quanto eu esperava. Ainda assim, vendemos o programa para a nova televisão catalã e para a televisão da Galícia.

Um mês e meio mais tarde, em outra reunião no Rio, Roberto Irineu e Jorge Adib sugeriram, não me lembro por qual razão, que eu fosse para o Natpe – National Association of Television Program Executives, em São Francisco. Na origem, o Natpe era um importante encontro doméstico das grandes produtoras americanas com as emissoras de televisão regionais e locais norte-americanas, e era o momento em que essas produtoras lançavam suas novas séries e filmes para o mercado internacional. As televisões latino-americanas iam em peso para conhecer as últimas novidades de Hollywood e, com o surgimento das televisões privadas europeias, elas também corriam para o Natpe. As grandes produtoras norte-americanas, como MGM, Sony e Paramount, investiam milhões de dólares em três dias e meio do evento. O projeto faraônico dos estandes e do serviço de bar e restaurante às vezes dava de sete a um em muitos restaurantes de luxo da cidade. O negócio era segurar os compradores dentro do centro de convenções o maior tempo possível. Nada de deixá-los sair para almoçar.

Os estandes dos produtores latino-americanos eram amplos e bem planejados, mas, comparando com os dos norte-americanos, os espaços eram modestos. Televisa e Azteca, do México; Venevisión e Rádio Caracas, da Venezuela; Caracol Televisión, da Colômbia; além da Globo, estavam todas lá. O estande da Globo era sempre bem projetado e montado com requinte sob a supervisão de Robert Campbell, gerente administrativo da Divisão de Vendas Internacionais. Ele tratava de escolher o corredor mais movimentado para instalar o estande, cuidava da instalação com zelo e, mesmo com orçamento baixo, organizava um serviço de bar bastante sofisticado. Entretanto, a Globo ficava em nítida desvantagem para competir com os outros produtores latino-americanos, porque precisava dublar seus produtos para o castelhano, ao contrário dos demais, que já produziam na língua dos clientes. Os pesos-pesados do mercado chamado "latino" eram as duas redes de língua espanhola nos Estados Unidos, a Univision e a Telemundo, que são grandes consumidoras de material hispânico.

De todo modo, foi bonito ver os compradores das televisões latino-americanas cercarem o pessoal da Globo para conhecer e escolher seus programas e disputar as novas novelas brasileiras, que alcançavam altas audiências no continente, só perdendo para as novelas mexicanas da gigante Televisa. As novelas da Globo poderiam, na média, ter menos audiência do que as mexicanas, mas davam muito prestígio às emissoras que as transmitiam, porque atingiam um público mais qualificado, o que, obviamente, atraía patrocinadores mais prestigiosos.

Mas eis que de repente surgiu o que acabou sendo a melhor razão da minha ida a São Francisco. Foi uma sorte cruzar no corredor com Hannes Oljelund, vice-presidente da STV2, da Suécia. Fizemos uma festa e nos abraçamos como velhos amigos, que, aliás, ainda não éramos. Fomos para o estande e comemoramos o encontro com um bom espumante do Napa Valley. Nenhum de nós tinha compromisso para o jantar, então reservei uma mesa no ótimo restaurante Postrio, do hotel em que eu estava hospedado.

Marcamos às oito horas no bar do restaurante para mais um drinque antes do jantar, e aí Hannes me contou que estava preocupado com uma longa greve do sindicato dos atores de Estocolmo, que vinha atrasando todo seu plano de produção de programas. Sua emissora tinha um compromisso com o órgão regulador de televisão do país para produzir na Suécia uma quantidade enorme de horas de ficção até o fim do ano. Hannes não esperava que eu pudesse ajudá-lo a resolver o problema. Era só um desabafo.

Continuamos a conversa no restaurante. O brilho dourado da terceira taça de Fumé Blanc californiano me encorajou a fazer ao Hannes uma proposta atrevida: a de vender para o seu canal o formato de *Você Decide* (*Der Bestammer*, nome do futuro programa na Suécia). Falei rapidamente do que se tratava, expliquei como funcionava e Hannes se mostrou interessado, sobretudo porque a greve dos atores era só em Estocolmo. Os atores do resto da Suécia não tinham aderido à greve e poderiam integrar a produção. No dia seguinte, vimos dois episódios de *Você Decide*. Ele pensou um pouco e disse, assim, na lata, que precisaria de 26 episódios. Com urgência. Avisou que mais tarde o diretor financeiro passa-

Com Hannes Oljelund em São Francisco.

ria pelo estande para acertar os detalhes do contrato. "Rrobérrto, você pode ter salvado a minha vida... Ou, se não der certo, vai ter que me arrumar um novo emprego!", disse-me.

Pela primeira vez a TV sueca exibiria programas de ficção com base em scripts criados fora do eixo Estados Unidos-Inglaterra. Também pela primeira vez os suecos ousariam produzir um programa de ficção em videoteipe, seguindo o padrão de produção brasileiro, e não em película cinematográfica.

No dia seguinte, o Natpe de São Francisco terminaria e combinei com Hannes e o diretor financeiro da STV2 de visitar os vinhedos do Napa Valley. Foi um dia ótimo. Conseguimos um carro e o motorista foi nosso guia, mesmo não entendendo nada de vinhos. Hannes lembrava o nome de algumas vinícolas mais famosas e Robert, o motorista, conhecia alguns restaurantes no caminho. Eu tinha visitado algumas vinícolas na França e lá os guias gostavam de falar do "nosso amor pelo vinho". No Napa Valley, eles só falavam em lucro. Nem por isso os vinhos californianos deixavam de ser ótimos. A foto que tiramos perto da Golden Gate Bridge está meio desbotada, mas consigo ver que naquele tempo eu ainda tinha cabelo.

Difícil acreditar no sucesso de *Você Decide* na Suécia. Foi estrondoso. A adaptação sueca foi muito bem-feita e o programa fez parte do *magazine show* exibido pela emissora nos domingos à noite. Logo passou a ser o segundo programa de maior audiência do canal, depois apenas do noticiário nacional. Em termos proporcionais, alcançou uma audiência maior que a obtida no Brasil: toda semana *Der Bestammer* era visto por simplesmente 50% da população sueca. A imprensa local não podia acreditar.

O sucesso de *Você Decide* se esparramou por outros países e provocou uma mudança de comportamento, a ponto de todos os grandes autores, diretores e atores da Globo pedirem para trabalhar no programa. Ainda assim, apesar do sucesso na Escandinávia, estava difícil vender *Você Decide*. Eu precisava descobrir por quê.

Como já mencionei, quando viajava, eu sempre procurava chegar na véspera das reuniões para assistir a televisão local e tentar

You Decide: Audience Figures (Sweden)

DATE	TOTAL VIEWERS	RATING %	SHARE	DATE	TOTAL VIEWERS	RATING %	SHARE
18.09.93	1,440,000	17.7	52.0	20.11.93	1,770,000	21.7	47.1
09.10.93	1,615,000	19.8	51.0	27.11.93	2,135,000	26.2	58.7
16.10.93	1,795,000	22.6	59.4	11.12.93	2,083,000	25.6	55.7
23.10.93	1,145,000	14.1	35.3	18.12.93	2,125,000	26.1	54.1
30.10.93	1,595,000	19.6	46.4	22.01.94	1,905,000	23.2	52.6
06.11.93	1,645,000	20.2	53.1	29.01.94	2,110,000	25.7	59.0
13.11.93	1,545,000	19.0	44.3				

Source: SVT1

O quadro acima mostra a altíssima audiência do programa na Suécia – no caso, durante a primeira série de episódios exibidos no país, onde chegou a contar com 26,2% do total de aparelhos de televisão e de 59,4% do total de televisões ligadas.

Os dados são da SVT1 e foram publicados no *News Update*, nosso boletim informativo sobre *Você Decide*, distribuído a todo nosso *mailing-list* e aos participantes do Miptv, Mipcom, Natpe e Festival de Monte Carlo.

entender como as coisas funcionavam em cada país. E foi o que fiz numa das vezes em que viajei para uma série de reuniões em Paris. Zapeando de um canal ao outro, foi ficando claro para mim que a maior parte dos programas exibidos na televisão francesa nos horários mais importantes era produzida por empresas independentes locais. Isso me fez perceber que em vez de tentar vender direto para as emissoras, como vínhamos fazendo, nós deveríamos tentar vender para os agentes, ou seja, oferecer os programas para quem produz, não para quem compra. Dispus-me a tentar.

Na manhã seguinte, ao tomar café da manhã com Laetitia, nossa gerente em Paris, encontrei o primeiro obstáculo: "Oh, Roberto, mas eu sou capaz de vender diretamente, não preciso que seja através dos produtores". Consegui convencê-la a pelo menos tentar. Já no mesmo dia dois produtores se mostraram interessados em produzir

Primeira edição do *News Update*, boletim informativo do programa *Você Decide*, com dados sobre o programa, a evolução das vendas e a audiência. Nessa edição, o destaque foi para o encontro do ator e diretor-geral de *Você Decide* no Brasil, Paulo José, com dirigentes de emissoras europeias. Na foto maior, Paulo está cercado por Hannes Oljelund, vice-presidente da televisão sueca, Lars Safstrom, também da TV sueca, e Claus Ib Olsen, diretor de programação da TV dinamarquesa. Na foto menor, Paulo José com Richard Schöps, diretor-geral do Studio Hamburg, da Alemanha.

Você Decide. Daí para a frente vendemos o formato quase sempre por intermédio de produtores independentes, inclusive para a BBC de Londres, aquela que talvez seja realmente a melhor televisão do mundo e que exibiu o programa em horário nobre, com excelente audiência, o que estava muito acima das minhas pretensões.

E vendemos para Hong Kong, para onde nunca tínhamos vendido nada, e para um mundo de novos mercados. Através dos produtores, passamos a vender o programa por um preço bastante maior – quase o dobro, como eu havia prometido.

Enquanto os norte-americanos e os europeus discutiam como fazer um programa interativo, os brasileiros, com sua criatividade, saíram na frente, e com um programa interativo tão sensacional que a partir de 1992 *Você Decide* foi exibido no Brasil durante oito anos. O programa teve vários diretores importantes, como Roberto Talma, Fabio Sabag, Herval Rossano, Guel Arraes e Paulo José, que fora promovido a supervisor.

Um dia, eu estava de papo para o ar no Algarve, no sul de Portugal, aonde tinha ido passar uma semana de férias, quando vi Paulo José sendo entrevistado na TV portuguesa. Liguei na mesma hora para Geraldo Casé, no Rio, e pedi os contatos do Paulo em Lisboa. Casé retornou minha chamada minutos depois e ainda naquela noite Paulo e eu nos falamos por telefone. Perguntei se ele toparia ir para Londres na semana seguinte. Se ele pudesse, eu organizaria um encontro dele com nossos clientes alemães, dinamarqueses, suecos, holandeses, franceses e ingleses, para que ele falasse sobre *Você Decide* e desse dicas de produção. "Nos próximos dez dias topo tudo", disse-me. "Depois vou ver minha filha em Sevilha, onde ela estuda dança flamenca."

Liguei para Londres e pedi à Maria Ignes para marcar a reunião com todos os interessados. Disse a ela que insistisse com Hannes, da Suécia, para ir também. Ela me contou que o episódio zero – o piloto – de *Você Decide* na BBC seria por aqueles dias. "Tenta marcar para esse mesmo dia", pedi, "e tenta conseguir convite para todos nós assistirmos no estúdio da BBC." Entre os convidados, misturamos clientes

Trechos com tradução livre de artigo publicado no *Mipcom Daily News* em 1989

> Roberto Filippelli é conhecido como o embaixador não oficial do Brasil. Sediado em Londres, como diretor de vendas da Globo Internacional, ele não só deu prestígio ao produto brasileiro como, simultaneamente, ampliou o reconhecimento internacional sobre seu país.

Sentado atrás de sua enorme mesa, com um leve ar de superioridade, Filippelli lembra um velho político que intimida algumas pessoas principalmente no primeiro encontro. É uma imagem que contrasta com a história nada dignificante contada por Michel Trotter, ex-diretor de compras de programas da Televisão Escocesa: 'Tínhamos marcado um encontro com o Roberto no bar do Hotel de la Ville, em Milão. Sua chegada foi muito, muito dramática. Ele entrou com muita energia e de repente escorregou e foi parar do outro lado da sala, nos fazendo pensar que trombaria com a parede. Mas ele rapidamente se virou e foi parar de costas para o bar.

Filippelli não se lembra desse incidente, mas, para Trotter, a velocidade e energia com que ele entrou no bar são típicos de seu método de trabalho e de sua maneira calma de sair de uma situação potencialmente desagradável, ilustrando que ele nunca perde a cabeça, o que é comum numa atividade de muita pressão e frustração."

PRECISO CONTAR QUEM FOI MICHAEL TROTTER

Michael Trotter, da Scottish Television, era uma figura especial. Nos conhecemos em Milão, em 1978, na segunda vez em que fui ao Mifed. Estávamos lançando o concerto de Villa-Lobos com a Orquestra Sinfônica Brasileira regida por Isaac Karabtchevsky e Michael ficou absolutamente fascinado com o concerto, com a orquestra e com a direção primorosa.

Ele queria comprar o programa, mas a televisão escocesa tinha uma verba muito pequena. Como estávamos no mesmo Hotel de la Ville, nos encontrávamos a toda hora, jantávamos quase sempre juntos e ficamos amigos. Uns dias depois, me telefonaram da BBC dizendo que estavam interessados no concerto para exibir em todo o Reino Unido durante a Copa do Mundo da Argentina, que seria realizada naquele mesmo ano de 1978, quando a BBC apresentaria alguns programas produzidos na América Latina.

Ofereceram três vezes mais do que a televisão escocesa poderia pagar. Eu logo liguei para Michael em Glasgow e, ao contrário do que pensei, ele ficou contente com a notícia. "Nós somos uma televisão de província. Um programa do nível desse merece ser exibido na BBC".

Tempos depois, Michael saiu da televisão escocesa e eu o convidei para representar a Globo no Reino Unido. E foi ele que iniciou o processo de venda dos direitos de *Você Decide* para a BBC.

A venda para o horário nobre da BBC foi como ganhar um Oscar!

que haviam comprado e outros que ainda não. Os que tinham fechado negócio certamente nos ajudariam a vender aos demais.

Deu certo. Assistimos juntos à estreia num estúdio grande da BBC com plateia lotada e todas as vibrações. A diferença é que a plateia respondia às perguntas não pelo telefone, mas por um aparelhinho um pouco maior do que os *smartphones* de hoje, conectados sem fio a uma central onde os votos eram apurados.

Da BBC fomos para minha casa, para um animado jantar de confraternização. No dia seguinte, a turma toda se reuniu no escritório da Globo, onde Paulo José explicou aos europeus qual era a ideia por trás de *Você Decide* e como tinha sido montada a estrutura de criação e produção do programa. Com seu francês perfeito, todos prestavam atenção e anotavam o que ele dizia. Claus Ib Olsen, da TV dinamarquesa, estava animadíssimo. Ele olhava para Paulo e dizia: "Eu te conheço de algum lugar". Perguntei ao Claus se ele tinha visto o filme *Macunaíma*, em que Paulo fazia o papel do Macunaíma branco, e ele ficou encantado de conhecer esse ator fantástico.

Terminamos o encontro no ótimo, apesar de simples, restaurante Lemonia, um grego-cipriota junto ao Regent's Park, onde Paulo José foi reconhecido por duas garçonetes brasileiras que lhe fizeram uma calorosa tietagem não programada. Foram pedir autógrafo – parecia que eu tinha combinado com todo mundo. Os gringos ficaram encantados!

Você Decide foi um imenso sucesso por toda parte – ou melhor, quase toda parte: a Finlândia foi o único país em que o público mandou o desempregado devolver o dinheiro da instituição de caridade. Não só isso, os finlandeses não acharam graça no programa. Na Grécia, com as doses de tragédia grega acrescentadas ao roteiro, o programa foi o maior sucesso.

Em Hong Kong o lançamento foi muito engraçado. Lá havia dois tipos de votos: pelo telefone e pelo público num auditório, no caso, um ginásio de vôlei. Nos intervalos, depois de falar com o público de casa, o apresentador/animador se dirigia ao público do auditório: "Então, o que vocês acham? Tem que devolver o di-

> **Wogan set to make BBC TV comeback as game show host**
>
> **China: Interactive TV Gets Retroactive**
>
> 嘟嘟重返港影圈展拳腳
> 否認與呂方同居不怕被跟蹤
>
> του πρώτου επεισοδίου, «Οι γυναίκες», «Ανω κι γη οι επιλεκτικές αποφάσεις του Γιάννη Βούρι
>
> **Globo's gold**
>
> **La TSR va tourner son premier téléfilm interactif. A vous de choisir la fin**
>
> **VIDEO Brazil**
> **Do the Right Thing**
> You Decide Directed by Paulo José, Produced by Globo Television
>
> **Du bestämmer slutet på filmen**
> **VAD HÄNDER SEN I TV-RUTAN?**
>
> Globo TV's You Decide is the most widely sold interactive programme ever.

Matérias e mais matérias sobre *Você Decide* por toda parte. Acima, alguns exemplos de manchetes de jornais da Galícia, Suécia, Hong Kong, Grécia, Suíça, Espanha, Itália, Estados Unidos e Reino Unido.

nheiro ou não? Quem acha que tem que devolver, vai para o lado direito do ginásio; quem acha que não deve devolver, vai para a arquibancada do lado esquerdo". Quase todo mundo foi para a direita. No intervalo seguinte, o público mudava correndo para o outro lado do ginásio. E todo mundo ria, foi uma festa.

 Nessa época, estava começando a revolução das telecomunicações. Hong Kong, por exemplo, chamou uma empresa para montar a parafernália tecnológica para os telefonemas. Fizeram uma concorrência e a companhia telefônica que apresentou as melhores condições técnicas e financeiras foi a BT – British Telecom, com base na Inglaterra. Funcionava assim: o telespectador telefonava de casa em Hong Kong; a ligação subia para uma nuvem e caía na central da BT na Inglaterra, que computava os dados e mandava os resultados de volta para Hong Kong. Ninguém tinha previsto nem podia imaginar que a coleta e a transmissão dos dados seriam feitas por uma empresa a milhares de quilômetros dali. E tem mais, em quase todos os países a ligação telefônica era paga, dando lucro para a emissora e para a companhia telefônica.

De quebra, por causa de *Você Decide*, ganhei, em 1995, o prêmio de Super Star Internacional de Marketing concedido pela revista *Advertising Age International*, que elegeu os cinquenta profissionais de marketing que mais se destacaram no mundo

13.
A TERRA QUASE TREMEU AOS MEUS PÉS

Morei 24 anos na Europa – nove anos em Roma e quinze em Londres – e viajei bastante tanto de férias como a trabalho. Às vezes eu me perguntava onde realmente gostaria de morar depois de me aposentar. Nunca tive dúvidas de que seria em Barcelona. Quando saí do Brasil, passei três meses em Castelldefels, no litoral vizinho da cidade, e as vantagens de viver na própria Barcelona me saltavam aos olhos. Seu tamanho nem grande nem pequeno, sua beleza, sua culinária, seus eficientes meios de transporte coletivo, seu clima, que garantia esplêndidos dias ensolarados mesmo no inverno. Sou um animal urbano. Nunca me imaginei morando num sítio no interior, nem numa casinha à beira-mar. E Barcelona tem tudo o que eu gosto numa cidade. Até um time de futebol para torcer.

Meu amigo Jaume Santacana – catalão de raiz e um misto de escritor, diretor de TV, apresentador de programas, ótimo chefe de cozinha e principalmente um grande amigo até hoje, que conheci quando ele era diretor de programação da TV3, da Catalunha – mora ao lado do lindíssimo Parque Guell. Diariamente ele desce a colina a pé e caminha uns dez quilômetros até o mar. Cada dia faz um trajeto diferente, mudando o cenário dependendo da estação do ano, das ruas que escolhe e dos amigos que encontra pelo caminho. Quer coisa melhor?

Os horários de Barcelona também me agradam. As lojas abrem tarde e até algum tempo atrás se fazia um bom intervalo para a *siesta* depois do almoço. Dez horas da noite é uma boa hora para escolher um restaurante para jantar. E o almoço... Um dia marquei um almoço com um fotógrafo que eu havia conhecido numa sessão dos jurados do prêmio Ondas, do qual nós dois fazíamos parte. Marcamos ao meio-dia do dia seguinte. Fiquei plantado, esperando até umas uma e meia, quando desisti de esperar e fui embora. No fim da tarde reencontrei o fotógrafo, que me perguntou por que eu não tinha ido ao encontro. "Fui e te esperei até uma e meia", respondi. E ele começou a rir e me explicou que, em Barcelona, meio-dia quer dizer "hora de comer", portanto, duas horas.

Mas foi justo em Barcelona que a terra quase tremeu aos meus pés.

Nos anos 1980 e 1990, a globalização era a bola da vez. No que diz respeito à televisão, os canais via satélite começavam a exibir os mesmos programas ao mesmo tempo em diferentes países, e muitas vezes na própria língua de cada país. A Sky britânica foi lançada com um canal de notícias, dois de esportes e muitos de filmes longa-metragem. Esse movimento se expandiu por toda a Europa.

Enquanto isso, a Espanha, ao mesmo tempo que flertava com os serviços televisivos de cabo e de satélite, voltava-se para dentro com a decisão de criar as "televisões autonômicas", emissoras que seriam implantadas nas regiões autônomas da Espanha – regiões como a Catalunha, os Países Bascos, a Galícia, a Andaluzia e outras que mantinham tradições, idioma e características culturais próprias e singulares. Durante a longa ditadura de Francisco Franco, que se estendeu do final da Guerra Civil Espanhola, em 1939, até sua morte, em 1975, essas regiões haviam sido impedidas de manifestar suas próprias heranças culturais em público: na rua, era proibido conversar nas próprias línguas e dialetos e nem as canções, as danças e as festas tradicionais eram permitidas. As televisões autonômicas seriam, assim, uma forma de resgatar e valorizar os traços culturais regionais.

Esse movimento era uma velha ambição das várias regiões autônomas, e foi muito estimulante estar por perto acompanhando as mudanças. Para a Globo, esse resgate também era animador, porque multiplicava nossas possibilidades de vendas. E para mim, pessoalmente, a ideia dessa segmentação coincidia com minha opinião sobre o papel da televisão na conservação das culturas locais.

Um dia, de repente, percebi que minhas filhas, morando fora do Brasil desde pequenas, poderiam estar crescendo estrangeiras. Já estávamos na primavera europeia de 1990 e comecei a conversar com Eunice sobre as férias de verão. As meninas já eram adolescentes e talvez essas fossem as últimas férias em que conseguiríamos viajar todos juntos. Que tal irmos para o Brasil? Eu gostaria que elas conhecessem alguns lugares além de São Paulo e Rio de Janeiro, para onde íamos com alguma frequência, e decidimos pela Amazônia e pelo Nordeste. As distâncias são muito grandes, mas ainda assim fomos a Manaus e, de lá, a um hotel no meio da selva. Abraçamos bicho-preguiça, pegamos um aviãozinho Ultralight às seis da manhã para ver a Amazônia amanhecer. Aí fomos para Recife, Olinda, Porto de Galinhas e para a fantástica Fernando de Noronha, onde passamos uma semana inteira na pensão do Zé Maria. Na volta, num aviãozinho Bandeirantes, fomos para Natal, onde ficamos por seis horas, tempo suficiente para passear de buggy nas dunas e retornar ao aeroporto, onde tivemos a sorte de encontrar nosso afilhado de casamento, o jornalista Geraldo Mayrink, e viajar com ele para São Paulo. Quer melhor? Então toma essa: chegamos a São Paulo a tempo de ver a seleção ganhar a Copa do Mundo nos pênaltis contra a seleção italiana.

Mas essa viagem me deixou uma lembrança amarga do Brasil. As televisões da Amazônia e do Nordeste quase não tinham produção própria: lá se via a televisão do "Sul Maravilha". Tirando um ou outro telejornal local ou programa de auditório, tudo era recebido em rede do Rio de Janeiro ou de São Paulo. O cúmulo foi ver o programa *Metrópolis*, da TV Cultura de São Paulo, exibido numa emissora educativa, não me lembro se em Manaus ou no Recife. Quando vi o programa em São Paulo, achei bom e útil. Mas aquele que vi, especificamente, orientava o telespectador sobre o que fazer no fim de semana – cinema, teatro, livraria, teatro infantil em... São Paulo! Outro choque foi saber que essas emissoras não exibiam jogos do futebol locais. Só os do Rio e de São Paulo, obrigando os torcedores a torcer pelo Flamengo, Corinthians, Cruzeiro, Internacional, enfim, os times do sul.

Hoje já não é tão chocante. Com o surgimento das TVs a cabo no Brasil, as coisas foram melhorando pouco a pouco. No fim do século passado, os campeonatos brasileiros das séries A e B passaram a ser transmitidos em rede nacional pelos canais SporTV, e então pelo menos os assinantes nordestinos da televisão por assinatura puderam começar a ver seus times na televisão. Mais recentemente, os equipamentos para geração e transmissão de imagens ficaram mais leves, menores, mais portáteis e bem menos caros, o que vem reduzindo os custos de produção. Outro dia vi no Google um jogo do campeonato amazonense sendo transmitido pela afiliada da Band em Manaus.

O gosto amargo de que falei batia com o que acontecia na Espanha com as regiões autonômicas, que, como no Norte e no Nordeste do Brasil, tinham que "engolir" a hegemonia cultural alheia. Nesse sentido, identifiquei-me com o propósito dessas novas televisões e me senti muito animado para trabalhar com elas.

Nesse processo, os nossos contatos na Espanha foram facilitados porque, de certa forma, os programas da Globo já eram conhecidos em várias das regiões: entre outros, a rede nacional estatal já havia exibido telefilmes como *Quincas Berro D'Água*, *Vinicius para Criança* e *Morte e Vida Severina*, na TVE2; e a novela *Sinhá Moça* fora exibida com muito sucesso na TVE1, num horário matinal dedicado às donas de casa. E as "autonômicas" começaram a comprar: o Canal Sur, da Andaluzia, escolheu um pacote de programas musicais e alguns Casos Especiais, nome dado aos nossos telefilmes com duração de uma hora cada; a Televisión de

Galicia foi no seguro e comprou *Escrava Isaura*; a ETB, do País Basco, comprou *Escrava Isaura* e *Dancin' Days*.

No País Basco, *Dancin' Days* provocou um curioso e imprevisto percalço na exibição do último capítulo. Deixe-me explicar: as novelas eram dubladas nas línguas de cada região autônoma. No País Basco, além da dublagem em basco, os programas eram legendados em castelhano. Acontece que a legendagem do último capítulo de *Dancin' Days* atrasou e o episódio foi ao ar só em basco, sem as legendas. Foi uma gritaria geral! Boa parte da população basca não era fluente em... basco! Foi preciso reexibir o episódio, dessa vez com as legendas.

Vê como se descobrem as coisas? O orgulho basco por sua cultura e sua língua sofreu um grande abalo com esse incidente. Boa parte dos bascos simplesmente não entendia mais a própria língua. Jesús Higuera, executivo de compras da televisão basca, me contou que as coisas por lá andaram feias depois dessa história. Os jornais e os partidos de oposição culpavam o secretário de Educação e reivindicavam mais aulas de basco nas escolas – além de pedir a cabeça dele. Os cargos do diretor-geral da emissora e da direção de produção e programação também correram riscos.

Mas foi justamente a televisão da Catalunha a que mais apostou no produto brasileiro. E justo ali... a terra quase tremeu aos meus pés!

A TV3 comprou os direitos de *Escrava Isaura*, *Dancin' Days* e *Guerra dos Sexos*. *Dancin' Days*, a primeira a ser exibida, foi programada para as duas e meia, no horário que eles chamavam de "sobremesa". E estava afundando. No começo da novela, Júlia, a personagem de Sônia Braga, estava numa pior: era pobre, feia e fora presa por um crime que, óbvio, não tinha cometido, coitada. Sem conhecer a grandeza e o carisma de Sônia, o público catalão não se ligou na novela – e a novela não decolava. O presidente da televisão da Catalunha, intempestivo, pegou um avião para o Rio de Janeiro e foi direto reclamar com a direção da Globo. Sua atitude pegou de surpresa até os executivos da própria emissora catalã, que souberam da viagem por mim. E sobrou pra mim: levei uma superbronca do Rio: "Onde já se viu permitir que o cliente exiba nossas novelas de tarde? Você é louco?".

Fui salvo por Homero Sánchez, *el brujo*, então diretor de pesquisas da Globo, que pediu paciência a todos mostrando a curva de audiência de *Dancin' Days* no Brasil: "Esperem até Júlia sair da cadeia e melhorar de vida", disse ele. "Ela vai ficar linda, vai seduzir meio elenco da novela e conhecer as mais ricas e influentes camas do Rio de Janeiro. Aí a novela vai estourar!" Não deu outra. O sucesso foi tão grande que uma emissora de rádio de Barcelona criou um programa que entrava no ar assim que cada capítulo acabava, exclusivamente para discutir com os ouvintes o que ia acontecendo na história. Até hoje o horário das duas e meia é considerado nobre na Catalunha e consagrado às telenovelas, seriados e programas para a família. Aliás, não só na Catalunha como em toda a Espanha.

As novelas brasileiras fizeram tanto sucesso na Catalunha que a produtora Gestmusic, braço espanhol da holandesa Endemol, propôs uma *joint venture* para a produção de telenovelas em espanhol e catalão. Mas naquela época isso não interessava à Globo, que tinha grandes lucros produzindo sozinha, com toda a liberdade, e ainda por cima dispunha de seu próprio canal de exibição. Para que, então, ter sócios na produção? A Globo também não queria ninguém "de fora" entrando nos estúdios e nas salas de edição, descobrindo o que considerava "segredos" em suas técnicas de produção.

Houve muitas outras propostas de *joint ventures* ou de coproduções, e de vários países. À distância do tempo, hoje é claro para mim que a Globo deveria ter criado uma empresa separada da "linha de montagem" da emissora para produzir séries em sociedade com produtores e exibidores estrangeiros. Mas na época nenhum de nós pensou nisso. Nem eu. Com a entrada de Marluce Dias da Silva na chefia da emissora, a administração da Globo passou por um processo de reorganização que burocratizou procedimentos, o que pode ter sido necessário, por um lado, mas, por outro, a fez perder velocidade na tomada de decisões, infelizmente impedindo que projetos semelhantes fossem levados adiante.

A partir de 1990, o cenário do mercado espanhol mudou com o surgimento das televisões privadas. A primeira a estrear oficialmente foi a Antena 3, em janeiro de 1990, depois de um lançamento experimental no Natal de 1989. Eles tinham pressa porque achavam importante sair na frente da Telecinco, emissora espanhola do empresário Silvio Berlusconi – o mesmo que depois foi primeiro-ministro da Itália e era conhecido por sua ilimitada agressividade nos negócios. Com a pressa, a Antena 3 foi lançada ainda com pouca estrutura e modesta cobertura geográfica.

A Antena 3 propôs e a Globo aceitou um acordo operacional que previa uma primeira opção de compra no território espanhol. A assinatura do acordo foi feita no Rio de Janeiro com a presença de boa parte da diretoria da nova televisão espanhola. Fui para o Rio para preparar os encontros e reuniões e selecionar, com Daniel Filho e Geraldo Casé, as primeiras novelas a serem oferecidas. A parte social da visita dos espanhóis foi ótima e incluiu até uma visita turística a Brasília, além de um encontro com Roberto Marinho – "Vir ao Rio sem conhecer Roberto Marinho seria como ir a Roma sem ver o papa", disseram-nos.

Nas reuniões de trabalho, eles nos surpreenderam escolhendo várias novelas que não faziam parte da nossa pré-seleção, algumas delas bem antigas, como *O Bem-Amado*, de Dias Gomes, a primeira telenovela colorida produzida no país, que, com humor, criticava o Brasil da ditadura militar. A novela era magnífica, mas tecnicamente muito inferior às produções mais novas. "Isso não importa", disseram. "O que importa é o excelente conteúdo. Além do mais, ela já foi dublada para o castelhano e, assim, ganhamos tempo. Queremos lançá-la o mais depressa possível", continuaram. Além de *O Bem-Amado*, dublada com sotaque mexicano, compraram outras mais recentes, que seriam dubladas na Espanha.

O Bem-Amado não funcionou. No começo, a Antena 3 tinha uma base de audiência muito baixa e não suportou uma série longa como a nossa. Foi apenas mais tarde que decolou, inclusive chegando a se tornar um dos canais de maior audiência na Espanha. Hoje tem até um acordo com a Netflix, que distribui mundialmente suas produções mais bem-sucedidas, como *A Casa de Papel*, e divide com a Telecinco a liderança nacional da audiência na Espanha, cada uma com vários canais, seguidas de La 1 e La 2, novos nomes das antigas TVE1 e TVE2, que são redes de serviço público, ou seja, são concessões do Estado espanhol.

Sobre o prêmio Ondas, que mencionei no começo do capítulo: ele era organizado anualmente pela Rádio Barcelona, emissora da Cadena SER – Sociedade Espanhola de Radiodifusão, ainda hoje a maior rede de emissoras de rádio da Espanha. A categoria Televisão era dividida em três grupos: programas espanhóis, programas internacionais e programas latino-americanos. Durante muitos anos eu participei regularmente do corpo de jurados dos prêmios destinados aos programas da América Latina. Era um Clube do Bolinha – em geral, todos os jurados eram homens e só vez ou outra é que aparecia uma jurada. Todos os dias jantávamos nos melhores restaurantes da cidade e era ótimo conhecer tantos executivos latino-americanos e trocar ideias com eles sobre o que acontecia na televisão de cada país. No final do jantar havia sempre uma interminável sessão de piadas, em que os mexicanos se destacavam. Eram os melhores.

As reuniões eram levadas a sério e assim mesmo eram bastante divertidas. Eu costumava inscrever uns quatro ou cinco programas e a Globo sistematicamente recebia quatro ou cinco prêmios. Era constrangedor, só dava Globo. Foi assim que um dia o diretor-geral do Ondas me convidou para almoçar e durante o almoço me contou que estavam pensando em transferir a Globo de categoria porque os nossos programas eram muito superiores aos do resto da América Latina. Estava pegando mal só dar Globo. Procurei defender as nossas cores, disse que considerava essa possível medida absolutamen-

O sucesso das novelas animou o mercado editorial de países como Itália, Alemanha, Polônia, Hungria, China e Indonésia, que publicaram os scripts ou mesmo o texto original de livros em domínio público. A tiragem média de alguns desses livros na Alemanha chegou a 60 mil exemplares. Na China foi um pouco maior: 500 mil exemplares. E até alguns livros acadêmicos sobre as novelas brasileiras, como *L'altro mondo quotidiano – Telenovelas-TV brasiliana e dintorni*, foram publicados por editoras como a Edizione Rai / Radiotelevisone italiana.

te injusta: "Pode olhar no mapa, veja onde o Brasil está. Na América Latina", eu lhe disse. Ele, ainda tentando justificar a medida, dizia que eu deveria ver isso como uma promoção, uma homenagem à qualidade da produção brasileira. Agradeci e declinei da homenagem.

Os prêmios eram entregues em cerimônias bem formais e realizados quase sempre em locais tombados pelo patrimônio, como, por exemplo, o Palau de la Generalitat, na estupenda Praça de Sant Jaume. Dessas cerimônias participava o mundo político e cultural da Catalunha e de toda a Espanha. Bonito de ver e emocionante participar.

Depois de alguns anos, a categoria "América Latina" foi toda incorporada na categoria internacional. Como eu imaginava, paramos de ganhar prêmios. Os grandes ganhadores passaram a ser a BBC, do Reino Unido; a ZDF, da Alemanha; a ABC, da Austrália; e a CBC, do Canadá. E nenhum prêmio para as emissoras comerciais latino-americanas.

Morar em Barcelona ficou no sonho. Quando saí da Globo, a ideia era passar seis meses por ano em Londres, onde minhas três filhas moravam, e seis meses no Brasil, onde eu me sentia mais em casa. Acabei morando definitivamente no Brasil, enquanto minhas filhas e meus netos mudaram-se para outras cidades europeias: Silvia mora em Lübeck, na Alemanha; Juliana, em Oslo, na Noruega; e Marina, em Beaconsfield, encostada em Londres, na Inglaterra.

14.
O BEM, O MAL
E O ESPECIAL

Quando nos instalamos em Roma, estávamos no lugar certo, na hora certa, diante do inesperado ambiente de expansão do mercado televisivo no país com a quebra do monopólio da RAI. Mas a quebra desse monopólio e a abertura de centenas de emissoras privadas tiveram consequências que nos afetaram – para o bem e para o mal. Do lado bom, no começo vendemos muito. Do lado ruim... vou contar um pouco aqui.

Entre as televisões privadas, todas elas abertas a partir de janeiro de 1982, três rapidamente se destacaram: a Italia 1, ligada à editora Rusconi, de Enzo Rusconi; a Retequattro, da editora Mondadori; e o Canale 5, de Silvio Berlusconi. O Canale 5 se destacou ainda mais do que as outras, e é necessário falar sobre Berlusconi para entender o que aconteceu.

Antes de entrar para a televisão, Berlusconi era um megaempresário na área da construção. Ele comprou barato uma grande área em Milão, perto do aeroporto de Linate – como Congonhas na área urbana de São Paulo ou Santos Dumont na do Rio –, e lá construiu um enorme bairro com uma arquitetura ao gosto da classe média italiana, com casas espaçosas, prédios imensos, muito verde, shopping center com cinemas e uma televisão em circuito fechado feita exclusivamente para os moradores. Foi lá que ele teve suas primeiras experiências de televisão.

Esse enorme terreno era barato quando ele o comprou entre outras razões porque estava na rota de subida e descida dos grandes Boings e Airbus que saíam de Linate ou lá chegavam vindos de toda a Europa. Imaginem o ruído! Mas *il Cavaliere* Silvio ia resolver o problema. Segundo se falou na época, ele teria conseguido que Bettino Craxi, secretário-geral do Partido Socialista (socialista, só no nome) e mais tarde primeiro-ministro italiano, desse um jeito para mudar a rota dos aviões, levando-os a fazer uma curva um tanto fechada para não passar em cima das terras de Berlusconi.

O *palazzinaro*, como Berlusconi era maldosamente chamado por ter enriquecido com suas construções em série, ficou tão animado com a experiência da sua televisão fechada que decidiu criar uma televisão de verdade, o Canale 5. Com dinheiro e muito arrojo, contratou os melhores executivos e os melhores apresentadores e técnicos da RAI. Durante anos, não produziu telejornalismo – não queria problemas com o governo e com os políticos. Não queria, mas seu grande padrinho era Bettino Craxi...

Com o tempo, Berlusconi foi engolindo seus concorrentes. Comprou a Italia 1 e depois a Retequattro. Quando essas três redes se consolidaram, ele entrou na política criando seu próprio partido, o Forza Italia, de direita. Eleito membro do Parlamento, aliou-se à Liga Norte, partido ainda mais à direita, com o qual formou maioria e foi nomeado primeiro-ministro. Foi indicado muitas vezes para esse cargo até ser acusado de diferentes crimes e banido definitivamente da política.

Berlusconi armou um esquema comercial arrasador para o seu Canale 5. Concedia enormes descontos às agências de publicidade e era extremamente generoso com os executivos dessas agências, oferecendo a eles presentes bastante caros em datas promocionais, como Dia das Mães e Natal, tudo ligado à "produtividade" dos executivos, obviamente. Mas corria que ele estava muito pendurado nos bancos, o que dificultava suas compras, pois os grandes distribuidores de filmes e programas tinham medo de não receber o dinheiro da venda e também não queriam melindrar a RAI. Sua reação a essa dificuldade foi aumentar o valor de suas propostas para um patamar muito acima do mercado, provocando uma imensa inflação nos preços de direitos televisivos na Itália. Era uma forma de provar que seu objetivo era grandioso. Os concorrentes o acusavam de subornar os executivos das maiores distribuidoras cinematográficas norte-americanas, coisa que ninguém nunca foi atrás para apurar e jamais ficou provada. Entre as acusações que se faziam contra Berlusconi, dizia-se que ele não tinha nada a ver com o *business* da televisão.

Mas Berlusca, como era (secretamente) chamado pelos funcionários, não morava em Milano 2, mas numa mansão que, dizia-se, tinha 21 empregados. Os concorrentes dele também eram ricos. A sede da Mondadori, dona da Retequattro, por exemplo, era um dos projetos favoritos de Oscar Niemeyer na Europa. A pedido de Giorgio Mondadori, então presidente da empresa, o edifício teria sido inspirado no Palácio do Itamaraty, de Brasília, e inaugurado em 1974. Eu frequentei muito aquele magnífico prédio, que hoje pertence ao Grupo Berlusconi. A editora Rusconi, dona da Italia 1, era uma editora de livros e de revistas de grande porte e ocupava um enorme edifício perto do centro de Milão.

Vou contar mais uma audácia de Berlusconi: sua televisão sempre teve ótimos índices de audiência, mas ele continuava a ser muito criticado e menosprezado pelos céticos concorrentes. Como não conseguia comprar os direitos de transmissão dos campeonatos de futebol, tomou duas decisões surpreendentes para demonstrar que podia participar do mundo da bola como grande protagonista. Primeiro, comprou o time do Milan e se tornou seu presidente. Em seguida, criou um campeonato mundial de clubes que chamou de Mundialito e, pelo menos na Itália, foi um sucesso. Lembro que um domingo fui a Milão com Eunice e minhas filhas e lá encontramos João Carlos Magaldi, superintendente de comunicação da Globo, e Beatriz, sua esposa, para ver Milan e Flamengo a convite do Berlusca. Magaldi levou as camisas do Mengo e todos nós, uniformizados, vimos o Flamengo jogar um bolão e perder para o Milan de quatro a dois. De um dia para o outro, Berlusconi havia montado um esquema de qualidade para transmitir partidas de futebol.

A Globo tinha contrato de exclusividade com a Retequattro e por isso não vendíamos para Berlusconi. Ele fez de tudo para conseguir comprar nossos programas. Uma vez, numa viagem de Roberto Irineu para Roma, chegou a nos convidar – Roberto Irineu, Borgerth e eu – para jantar em sua casa, aquela dos 21 empregados. Do nosso lado, todo mundo falava, dava palpite, ria, e do lado do Berlusconi e alguns diretores da sua televisão, só ele falava, os outros se mantinham em respeitoso silêncio. A mansão contava com uma pequena pinacoteca de grandes artistas clássicos e contemporâneos e uma sala de música com um piano de cauda, no qual Berlusconi tocou para nós. Marina Berlusconi, sua filha adolescente, também estava lá: "Trouxe minha filha porque, se ela soubesse que o dono da Globo vinha jantar comigo sem que ela fosse convidada, ficaria furiosa. Ela me faz passar vergonha. No horário das novelas da Globo ela só vê a Retequattro, nossa grande concorrente". Hoje, Marina é presidenta da editora Mondadori e seu escritório fica no topo do prédio projetado por Niemeyer.

Depois do jantar, no caminho do hotel, comentamos que, apesar de todo interesse do *Cavaliere*, era muito agradável tratar com o pessoal da Retequattro, gente mais fina, culta, discreta e sofisticada. Ainda iríamos nos arrepender de pensar assim, e nem precisaríamos esperar muito.

Corta.

Agosto é mês de férias na Itália. As cidades ficam entregues aos turistas, porque todos os moradores que podem viajam. E como toda família romana, eu viajei de carro com minha família para um resort em Ótranto, no calcanhar da bota, ou seja, no extremo sul da Itália. Passamos quinze dias muito agradáveis lá e, na volta, paramos numa cafeteria da estrada, onde comprei um jornal. Abro e leio: "Berlusconi compra a Retequattro". Logo pensei: "Me fodi".

Essa compra significava que todos os três grandes canais privados tinham passado a ter um só dono: *il Cavaliere* Silvio Berlusconi. Agora eu precisaria tratar com ele e eu tinha certeza de que ele se vingaria por não termos vendido nada para ele. Nós estávamos com três novelas no ar na Retequattro e mais três compradas, além de termos aberto a SiglaQuattro, uma empresa da qual eu era um dos diretores e em que os acionistas eram a Som Livre, que representava a Sigla, e a Retequattro, cada uma com 50%.

Como imaginei, passamos uma longa e dolorosa fase de fritura. As novelas que estavam no ar foram mantidas até o fim e, das três em produção, duas foram exibidas, mas em novos e piores horários. O espaço que tínhamos conquistado para as nossas novelas começaram a dar lugar às séries norte-americanas.

Pessoalmente, consegui manter uma boa relação com a diretoria do Grupo Berlusconi, mas nunca mais fui recebido pelo *Gran Capo*. O fato é que o mercado italiano, para nós, ficou muito menor a partir daquele momento. Passamos de uma situação em que todo mundo nos bajulava para outra em que, de repente, não tínhamos mais clientes grandes na Itália. Em torno de 95% do mercado passou a ser dividido entre a RAI e as emissoras de Berlusconi. Os 5% restantes eram disputados por centenas de pequenas emissoras privadas quase sem poder de compra e que viviam de migalhas.

Pouco depois, a Globo comprou 90% da Telemontecarlo, uma concessão em língua italiana do Principado de Mônaco que tinha boa cobertura no centro-norte do país. Como sua sede ficava fora da Itália, ao contrário do que acontecia com as emissoras privadas italianas, que por lei só podiam emitir seu sinal no âmbito local, a Telemontecarlo poderia legalmente emitir em rede para todo o território italiano.

A Telemontecarlo surgiu de um pedido que Roberto Irineu me fez para ficar atento a alguma boa oportunidade de compra de uma estação de televisão, pois esse poderia ser um caminho para a recuperação do espaço da Globo na Itália. A compra foi feita. Quando a estação começou suas atividades, eu já morava em Londres e não acompanhei seu dia a dia, mas a impressão que me ficou é de que a Globo não levou sua *expertise* – sua experiência e o padrão Globo de qualidade – para a Itália. Depois de seis meses, a emissora ainda não tinha um diretor de programação nem de produção. A experiência durou apenas alguns anos, até ser vendida com grande dificuldade e muito prejuízo.

Tenho muitas histórias sobre a televisão italiana e de como ela se abriu e depois se fechou para nós. Mas já está suficientemente contada e prefiro lembrar de uma outra história que é especial para mim e que aconteceu ainda antes de Berlusconi apropriar-se de tudo. Foi quando Lucélia Santos foi para Roma para promover uma das novelas que seriam lançadas pela Retequattro – não sei se *Ciranda de Pedra* ou *Sinhá Moça*.

Lucélia já era famosa na Itália devido ao enorme sucesso de *Isaura*. Ao chegar em Roma, gravou entrevistas, fez pacientemente algumas sessões de fotos e se preparou para o ponto alto da visita: sua participação no *Maurizio Costanzo Show*, na época o programa de entrevistas de maior audiência no país. Além de Lucélia, o programa também iria entrevistar um famoso cirurgião plástico italiano que morria de ciúme do sucesso internacional dos cirurgiões plásticos brasileiros, e Anita Ekberg, a atriz sueca inesquecível por sua participação no filme *La Dolce Vita*, de Federico Fellini.

Anita foi a protagonista da cena mais lembrada desse filme. Não, a mais lembrada de todo o cinema italiano! Nessa cena, numa noite úmida, Marcello Mastroianni caminhava sozinho de madrugada pelo centro de Roma com um copo de uísque na mão. Quando chegou à Fontana di Trevi, viu, como num sonho, uma mulher linda, uma deusa, que caminhava na Fontana com água quase nos joelhos e agitava as mãos lançando gotas de água para o céu. Anita, ex-miss Suécia, muito alta e magra, usava um vestido liso, escuro e sem alças. Os longos cabelos desciam por suas cos-

Anita Ekberg e eu.

tas e ela exibia um largo sorriso de (insana?) felicidade. Um dia, Fellini disse sobre ela: "Que deusa! Meu deus, faça com que eu não a encontre jamais". Pois bem, Lucélia participou do programa com Anita Ekberg, esse mito, e eu estava junto, vejam só.

Anita morava na Itália e ficou conversando conosco antes do início do programa. As novelas da Globo eram a grande novidade da televisão italiana daquele ano, e ela nos disse não ter perdido nenhum capítulo de *Escrava Isaura*. Eu estava diante dela e, mesmo encabulado, saboreava cada momento. Ela havia envelhecido e engordado bastante, mas ainda mantinha os longos cabelos loiros bem cuidados e o sorriso iluminado. Usava um vestido preto tomara que caia parecido com o da cena de *La Dolce Vita* e me disse, como se estivesse provocando um convite: "*Non mi dispiacerebbe per niente fare una telenovela*" ("Não me desagradaria atuar numa novela").

Maurizio Costanzo conduzia sua atração num teatro. O palco tinha um cenário do tipo "sala de visitas", no estilo do programa da Hebe. E quando estava prestes a começar, deram pela falta do tradutor para Lucélia. Acabei me sentando entre as duas para traduzir as perguntas e respostas. Foi minha estreia e, aliás, única apresentação na TV italiana.

A participação de Lucélia foi um sucesso. Ela demonstrava muita convicção no que dizia e tinha sempre uma boa resposta para o que o apresentador perguntava. O auditório estava lotado e às vezes ela era interrompida por aplausos. Pequenina, com cara de criança, ela crescia diante de uma plateia eletrizada. Falou com muita segurança, preferindo as frases curtas. Usava as mãos com mestria e calibrava bem as pausas, o que facilitava a minha tarefa como tradutor.

Na hora de verter as perguntas para o português, vi que ela entendia quase tudo em italiano, mas, já experiente, esperava terminarem cada pergunta, virava o olhar para ouvir de mim a versão em português para só depois começar a responder, sem se precipitar nem hesitar uma única vez. Conduziu a todos nós como faria um bom maestro. Talvez tenha aprendido em casa com seu então marido, o maestro John Neschling. Minha performance já não foi tão brilhante, mas deu pro gasto. Eu suava em bicas, não sabia bem o que fazer com as mãos e sentia o colarinho apertado, mas acho que fiz um trabalho correto.

Eu morava perto do escritório da Globo e gostava de ir para lá a pé. Adorava morar naquele bairro e bater papo com os pequenos comerciantes do Viale Aventino. Antonio, o *vinaio*, me falava sempre dos últimos vinhos recebidos do Piemonte. No bar do Lamberto eu parava para tomar um *caffè ristretto* e falar de futebol – mais precisamente de Falcão, a grande estrela da equipe do Roma. E o Ugo, da *alimentari*, sempre me avisava quando recebia muçarela de búfala fresquinha e *lampascione* da Calábria. No dia seguinte ao programa, fiz como todos os dias e fui a pé, sem saber que de repente tinha virado uma celebridade no bairro. Todos ficaram impressionados com minha aparição na TV ao lado de tão grandes nomes. Faziam a maior festa para mim: além dos que já

Lucélia Santos, Maurizio Costanzo e eu no Maurizio Costanzo Show.

mencionei, também o frentista do posto de gasolina, o dono da mercearia e até os garçons da *rosticceria* da esquina onde o Carlito Maia e eu costumávamos comer quando ele ia a Roma. Todos queriam saber se Anita Ekberg ainda era linda, se eu ia levar a *schiava* Isaura para visitar o bairro, se Maurizio Costanzo era simpático pessoalmente. Os mais gentis disseram que eu demonstrei ser *molto bravo in televisione*.

Já minhas filhas foram mais críticas: "Pô, pai! Com aquela gravata?!".

15.
O CANAL A CABO CHEGOU À FRANÇA

As televisões francesas andavam tranquilas, numa boa, até meados dos anos 1980, quando houve uma grande transformação no seu mercado televisivo com o lançamento do Canal Plus, primeiro canal a cabo da França. Até então o país tinha apenas três canais com perfis bem definidos – a TF1, líder de audiência; a Antenne 2, levemente cultural, mas também generalista; e a France 3, que era um pouco mais cultural e reservava parte de sua programação para telejornais e produções regionais, algumas até mesmo transmitidas em línguas e dialetos locais. Todas seguiam a regra de exibir apenas um ou dois longas-metragens por semana para não "inviabilizar comercialmente" as salas cinematográficas. Os horários para exibição de partidas de futebol e outros esportes também eram limitados.

Sabíamos que o cabo já existia nos Estados Unidos e que seus canais ofereciam novas alternativas ao telespectador, inclusive com mídia segmentada, ou seja, canais só de esportes ou de viagens, shows, infantis, música, reprises e filmes de longa-metragem. Mas até então se pensava que os canais a cabo seriam apenas uma linha auxiliar, secundária, da televisão aberta. Nada disso. Eles foram só o início de uma enorme revolução. E o Canal Plus inaugurou a grande mudança na França. Filmes? Vários por dia. E lá pela meia-noite tacavam um filme pornô para animar a moçada. Foi um rebuliço.

Numa segunda-feira, umas cinco pessoas diferentes nos telefonaram no escritório, todas do Canal Plus. O quinto a ligar foi o diretor-geral, Pierre Lescure, dizendo que havia encontrado o jornalista Reali Júnior no Festival de Montreux, do qual os dois tinham sido jurados, e que Reali falara por horas sobre as nossas novelas. E Lescure queria incluir *Escrava Isaura* na programação de lançamento do Canal Plus, dali a três meses. Dias depois, sua gerente de compras me encontrou em Roma para discutir os detalhes do contrato. Ao me notar um tanto reticente – eu preferia ver *Isaura* na TF1, que tinha a maior audiência do país –, disse que estavam dispostos a pagar o mesmo que as televisões abertas pagavam. E mais: pediam só seis meses de exclusividade. Depois disso poderíamos vender para a TF1, por exemplo, ou para onde quiséssemos.

Acertamos. Agora era correr com a produção. E aí começaram muitas dificuldades.

Uma característica do mercado francês é que suas televisões só recebiam programas estrangeiros já dublados. Então, primeiro, foi uma luta conseguir um bom e rápido laboratório de dublagem em Paris. Na sequência, a Globo produzia seus programas de ficção em videoteipe, processo em que os franceses derrapavam, já que sua produção de programas de ficção era feita em película; fomos, assim, obrigados a transferir a imagem do nosso vídeo para uma película de cinema – fazer a telecinagem, como se dizia. A dublagem seria feita sobre essa fita e depois montada no vídeo, chegando então à versão francesa. Mas na Europa não se fazia essa transferência; e no Brasil quase não se fazia mais, e só na TV Cultura de São Paulo localizamos uma máquina de telecine em que a transferência do videoteipe para a película poderia ser feita.

Para encurtar, tudo foi resolvido e *Isaura* foi lançada num bom horário, entre uma série para adolescentes e o telejornal. O sucesso foi muito acima do esperado. Somando-se ao êxito de *Isaura* e *Dancin' Days* na Itália, outros canais também se interessaram pela novela.

A essas alturas, Laetitia Flocquet, que trabalhara na RAI, a televisão italiana, representava a Globo na França e negociava um pacote de novelas com a TF1, o canal de maior audiência no país. De cara, fechamos um pacote inicial de três novelas que, além de *Isaura*, incluía *Dancin' Days*, de Gilberto Braga, e *Baila Comigo*, de Manoel Carlos. Pascal Joseph, diretor de programação do canal, pagou um sobrepreço para que as duas últimas fossem editadas em cerca de sessenta episódios de 52 minutos cada para exibição às quinze para as sete da noite, ou seja, encostado no horário nobre. Nada mau para começar!

Mas os problemas persistiam. Além do prazo apertado, surgiram várias complicações na continuidade e na sonorização dos capítulos. Sorte que quem se encarregou dessa edição complicada, no Rio, foi Ubiratan Oliveira Martins, o Bily, um *figlio d'arte*. Irmão do cantor Pery Ribeiro e filho do casal de cantores e compositores Dalva de Oliveira, a Rainha do Rádio de 1951, e Herivelto Martins, Bily era considerado o melhor editor da Divisão de Vendas Internacionais. Mas nem tudo ele conseguiu resolver no Rio, e o jeito foi ir a Paris para descobrir e solucionar alguns problemas na edição e sonorização. Ele apenas não falava francês... e precisava passar o pente-fino em alguns episódios que já haviam sido dublados em... francês.

Bily conseguiu fazer todos os ajustes, mas aí surgiu mais uma questão: Manoel Carlos tinha tido um problema com a Globo e sentiu-se ofendido quando soube que estávamos editando seu trabalho sem sua autorização. "Estão mutilando uma obra de arte", alegava. Segundo Luiz Eduardo Borgerth, ele ameaçou processar a Globo e impedir que *Baila Comigo* fosse ao ar na França. Por fim as coisas foram resolvidas e o incidente até ajudou Maneco e a Globo a fazerem as pazes, mas atrasou mais um tanto a entrega para a TF1.

Baila Comigo contava a história de dois irmãos gêmeos, idênticos, um criado no Brasil e o outro em Portugal. Um era bancário, tipo classe média, e o outro era milionário. Os dois eram protagonizados por Tony Ramos, e claro que um Tony usava o cabelo esvoaçante e o outro, o cabelo com fixador. Óbvio, também, um não sabia da existência do outro, até... Bom, a história vai longe. Mas seu sucesso na França fez com que muito se falasse sobre a novela nos jornais, e alguns críticos achavam curioso o protagonista ser baixinho e sem o porte tradicional de galã a que estavam acostumados, embora o considerassem um grande ator.

Na sequência, a TF1 exibiu *Isaura* com o mesmo enorme sucesso de quando foi ao ar pelo Canal Plus. E finalmente viria *Dancin' Days*. No caso, a recomendação foi editar bastante os capítulos iniciais, pois, como já contei, no começo da novela, Júlia, a personagem de Sônia Braga, estava numa pior, presa por um crime que não tinha cometido, e a exibição em outros países havia mostrado que a novela se tornava um sucesso apenas quando Júlia saía da cadeia, melhorava de vida e ficava linda e sedutora.

Nossas relações com a TF1 estavam cada vez melhores, e a direção artística rapidamente escolheu mais duas ou três novelas, mas estas jamais foram ao ar. O fato é que a TF1 estava sempre postergando suas decisões de compras "por um problema de verba". Além disso, ao mesmo tempo que o sucesso nos fez tentar subir um pouco o preço, os norte-americanos, que dominavam o mercado de distribuição de programas em todo o mundo, propuseram à TF1 um pacote de alguns milhões de dólares que incluía uma variedade de longas-metragens e seriados a preços bastante convenientes. Mas para receber os longas-metragens era preciso comprar o pacote inteiro. A Globo não tinha pacotes para oferecer. De nós, o que o mercado mais queria, quando queria, eram as telenovelas.

Com o sucesso dos longas no Canal Plus, os distribuidores cinematográficos perceberam que o que temiam não estava acontecendo: as salas de cinema não estavam perdendo público para a televisão. E, por pressão dos distribuidores norte-americanos, decidiu-se abrir a possibilidade de as televisões apresentarem maior número de longas do que antes. Houve então uma corrida das TVs francesas estatais para comprar filmes, pois estavam sentindo a concorrência do Canal Plus.

Os norte-americanos tinham muitos filmes de longa-metragem em estoque. Dentro de um dos seus pacotes para a TF1 eles também incluíram *Santa Bárbara*, um seriado famoso, exibido no período diurno pela rede NBC, uma das grandes redes norte-americanas. A TV francesa nunca havia levado ao ar um seriado tão longo, mas *Santa Bárbara* foi comprada dentro do pacote e estava pronta para ser exibida. E já dublada. Essa compra grande estourou o *budget* do cliente. *Dancin' Days* teve ótima audiência, mas o espaço que a Globo tinha aberto para nossas novelas foi transferido para quase um ano de exibição de *Santa Bárbara*. Os norte-americanos nunca mais nos "devolveram" o horário, porque possuíam dezenas de séries tão boas quanto e, ainda por cima, já dubladas.

Com o tempo, e com o surgimento de novos canais privados, conseguimos recuperar um certo espaço. Mas só um pouco. O poder de venda dos produtores norte-americanos era quase imbatível. Eles muitas vezes ofereciam pacotes com programas que sabidamente não seriam exibidos, inclusive suas longuíssimas *soap operas*. A disputa pelos filmes tornou-se tão acirrada que os preços de alguns ficaram escandalosos. Os norte-americanos, então, montaram pacotes misturando programas baratos com programas milionários e vendiam todos pelo preço médio. Mil horas dava tanto por hora. Essa era uma maneira de conseguir dourar a pílula e "reduzir" o preço dos programas mais caros. Com isso, a pergunta que os compradores sempre temiam – "Como é que você teve coragem de pagar 1 milhão por um filme?" – deixou de fazer sentido, porque no valor médio o preço ficava razoável, camuflando seu verdadeiro custo. Como se diz: "Me engana que eu gosto!".

Vou dar um exemplo: quando a onda das televisões privadas chegou à Grécia, tínhamos vendido duas novelas para a Mega TV. Nosso representante Bill Protopsaltis e eu fomos até a estação para dar um último retoque no contrato quando o diretor de programação do canal nos disse, bem contrariado, que estava cancelando a compra porque a direção financeira da empresa não permitia comprar novas novelas enquanto as quatro novelas porto-riquenhas que faziam parte do pacote comprado de uma distribuidora norte-americana não fossem ao ar. Ele não conseguiu convencer seus diretores de que considerava as novelas porto-riquenhas de má qualidade e que não seriam exibidas enquanto ele fosse diretor de programação. Perdemos muitos milhares de dólares com esse cancelamento!

As diferenças entre o modo de produzir da Globo e o que se fazia então na Europa eram muitas. Enquanto a Globo produzia todos os seus programas em casa, as emissoras europeias produziam no máximo noticiários e algumas vezes eventos esportivos. Por que isso? Na Europa sempre existiram muitas produtoras excelentes e independentes, o que não acontecia no Brasil. Naquela época, as produtoras brasileiras não tinham capacidade de produzir a quantidade enorme de horas de que a Globo precisava, na velocidade exigida. Só no Brasil e no resto da América Latina é que as emissoras produziam cem por cento da ficção que exibiam. Na Europa e nos Estados Unidos essa tarefa era delegada às produtoras externas. Nos Estados Unidos era até proibido produzir tanto internamente.

Com o tempo, diversos países também começaram a produzir suas próprias séries e novelas. No começo, a qualidade técnica podia não ser tão boa, mas escolhiam bons temas, muitos deles falando diretamente às identidades locais (os carros, as casas, as roupas, os nomes das pessoas, as famílias eram como as do dia a dia do próprio país). Eles cuidavam bem das tramas dramáticas e da escolha do elenco. Isso, claro, também restringiu nosso mercado, que já tinha encolhido com a concorrência devastadora dos distribuidores norte-americanos. O mercado francófono, incluindo a Suíça francesa, o Canadá (Quebec) e alguns países africanos, como Tunísia, Marrocos e Argélia, também foi ficando pequeno para nós. Às vezes nem valia a pena vender, porque o resultado da venda não cobria os custos da dublagem.

Quando saí da Globo, em 1999, os norte-americanos detinham em torno de 80% do mercado mundial da distribuição. E esse número cresceu ainda mais após a queda do muro de Berlim, quando num piscar de olhos os norte-americanos conquistaram o mercado do Leste Europeu – o embargo norte-americano para a venda aos países socialistas deixou de existir com a queda do muro. Só na América Latina é que sempre houve uma preferência pelas novelas mexicanas, colombianas, venezuelanas e brasileiras, e essas novelas ainda hoje cobrem grande parte das grades de programação das emissoras latino-americanas.

A abertura dos caminhos para a Globo no mercado internacional foi um longo aprendizado misturado a imprevistos, vaciladas e trapalhadas aqui e ali. Mas mesmo nos momentos de mudanças no mercado e dificuldades para vender, o prestígio conquistado pela Globo continuou imenso. Por exemplo, numa das viagens de Roberto Irineu para a França, marcamos uma visita ao Canal Plus com Pierre Lescure, na ocasião promovido a CEO do Grupo Canal Plus, para que ele e Roberto Irineu se conhecessem. Nesse momento, o Canal Plus começava uma importante expansão não só na França como também na Espanha, e nesse encontro Lescure convidou a Globo para ser sócia na criação de um novo canal de música clássica para os mercados francês, brasileiro e espanhol. O projeto acabou não vingando, segundo soube, porque um canal de música clássica não estava nos planos da Globosat.

Na mesma época, quando a Globo começava a vender para a TF1, Laetitia me levou para conversar com o diretor-geral do Centro Georges Pompidou, que nos ofereceu um espaço para uma mostra temporária dos famosos videografismos produzidos na Globo por Hans Donner e sua equipe, que se somaria a uma mostra de programas brasileiros mais culturais. O projeto foi executado com grande sucesso. Esses dois convites são sinais do reconhecimento e prestígio da Globo.

Foi nessa época também que Roberto Irineu resolveu fazer um jantar de confraternização para brindar as relações da Globo com a TF1 e o Centro Georges Pompidou, e reservou uma grande sala privada num restaurante incrível, o superestrelado L'Ambroisie, na Place des Vosges. Até Jack Lang, ministro da Cultura do então presidente François Mitterrand, foi lá e discursou. Entre os brasileiros, quem tinha mais jeito e pose de presidente da Globo era Luiz Eduardo Borgerth. O presidente da TF1, no seu discurso, olhava para Borgerth (e não para Roberto Irineu) e o chamava toda hora de *monsieur le président*. Borgerth, muito embaraçado, fazia um discreto sinal com o dedo, tentando indicar que *monsieur le président* era o que estava ao seu lado. Todo mundo, menos o presidente da TF1, percebia e ria às escondidas.

Ao meu lado se sentou Robert Arnoult, assessor cultural de Mitterrand. Ele tinha o mesmo sobrenome de Michel, meu amigo e dono da premiadíssima loja de móveis Mobília Contemporânea, de São Paulo. Uma hora perguntei ao Arnoult se ele era parente desse Michel. "*Biensur*", respondeu. "É meu tio. Ele sofreu muito com a ditadura militar, esteve preso." "Pois é, nós ficamos presos juntos, na mesma cela", eu lhe disse, e conversamos muito sobre o assunto durante o jantar.

Quando chegou a sua vez de discursar, Arnoult elogiou a linda festa de confraternização franco-brasileira e contou que o jantar lhe trouxe uma grata surpresa: "Recebi notícias de um tio querido que foi um resistente na luta brasileira pela democracia e ficou preso nas masmorras da ditadura junto com meu novo amigo, Monsieur Filippelli". Aí todo mundo olhou para mim. Fiquei vermelho. Mas não deixou de ser engraçado. Borgerth, depois, falou com ironia: "Você está fodido, foi homenageado pelo representante do Mitterrand, agora todo mundo sabe que você foi em cana no Brasil. O dr. Roberto vai achar que você é comunista".

Era muito divertido trabalhar na Globo naquela época.

16.
O MUNDO NÃO É SÓ A EUROPA

Fui a trabalho para vários países e continentes fora da Europa. Entre alguns lugares que me marcaram de modo especial estão Angola, na costa ocidental da África, onde cheguei em plena guerra civil; Macau, uma então colônia portuguesa na Ásia; Tailândia, para onde fui duas vezes; Singapura, um dos tigres asiáticos; e a Malásia, país islâmico onde as outras religiões eram aceitas e que vivia um *boom* econômico.

Angola
Numa de minhas idas ao Rio, João Carlos Magaldi, na época superintendente da Central Globo de Comunicações e também secretário-geral da Fundação Roberto Marinho, me perguntou quando eu planejava viajar para Luanda, capital de Angola. Não tinha planos de ir, mas acabei indo em 1982, pouco depois da nossa conversa. A televisão angolana pretendia estender sua cobertura para todo o território nacional ocupado pelo MPLA - Movimento Popular de Libertação de Angola, inclusive a província de Cabinda, um exclave que permitiu ao Congo Belga o acesso ao mar mas separou Cabinda do resto do país. Era preciso renegociar os contratos de todas as novelas que já tinham sido compradas. Além disso, Roberto Marinho havia feito uma importante doação

para que fosse criada uma televisão educativa no país, mas existia algum problema de comunicação com o Ministério da Educação de Angola, e Magaldi pediu minha ajuda para pelo menos identificar a natureza do problema.

O país passava por grandes dificuldades no período em que estive lá. Colonizado pelos portugueses, alcançou sua independência em 1975, quando Agostinho Neto, do MPLA, assumiu a presidência do país depois de treze anos de luta. Sua vitória foi contestada por outros movimentos armados, em especial pela Unita – União Nacional para a Independência Total de Angola, e o país foi palco de uma sangrenta guerra civil que só terminaria em 2002 com a morte em combate de Jonas Savimbi, líder da Unita. Com vastos recursos naturais e grandes reservas de minerais e petróleo, Angola foi abandonada por cerca de 350 mil portugueses no momento da independência. Esse êxodo caótico acabou com o pouco de estrutura que havia, pois os portugueses representavam até então a principal mão de obra do país. Com a saída deles, Angola ficou ao deus-dará e ainda hoje, apesar de seu expressivo crescimento econômico, mantém uma desigualdade econômica gritante.

Nossas relações comerciais com a TPA – Televisão Pública de Angola, na época único canal do país, eram bastante sólidas e nossos contatos eram regulares. Duas vezes por ano uma pequena delegação de angolanos ia aos Miptv e Mipcom, em Cannes, para ver e selecionar os novos programas que pretendiam exibir no país. Eles eram tão simpáticos que havia na nossa equipe uma saudável disputa para atendê-los. Sempre que saíamos para almoçar, escolhíamos, a pedido deles, lugares simples e discretos.

Quando cheguei a Luanda, eles me encontraram no saguão do aeroporto. Receberam-me pedindo desculpas pela falta de organização do aeroporto e mais desculpas antecipadas pela bagunça que eu iria ver (e sentir) durante a minha estada. "São os reflexos da maldita guerra que nunca termina", disseram. Engoli em seco: só nesse momento me toquei que tinha acabado de entrar num país em guerra – e a guerra foi nosso assunto até chegar ao hotel que haviam reservado para mim. A conversa me tranquilizou, porque me garantiram que estávamos numa região segura, sem risco de atentados ou coisas parecidas: "A guerra está longe de Luanda... lá para o sul...".

Eles me ajudaram a fazer o *check-in* e pouco depois me levaram para comer uma deliciosa sopa de peixes com lagostas fresquinhas num hotel lindíssimo, trinta minutos distante do meu hotel. "Lagostas frescas? Que luxo é esse em plena guerra?!", pensei comigo. A lagosta é um orgulho nacional, a melhor do mundo, segundo eles. "Aqui tem por toda parte e nem é um produto de luxo; exportamos toneladas e toneladas para a Europa", disseram-me, percebendo que eu estava surpreso com esse jantar tão requintado.

Contaram-me que o caça da Força Aérea angolana pilotado pelo marido da diretora de programação da emissora, que eu havia conhecido em Cannes, tinha sido abatido e ele, apesar de ter saltado de paraquedas, estava bastante machucado e sendo tratado no hospital dos cubanos. "Dos cubanos?", perguntei. "Sim. Nós vamos ganhar esta guerra de merda", disseram, "mas vai demorar. Além do apoio da União Soviética, contamos com a ajuda de 30 mil cubanos, entre os quais há 3 mil médicos ou paramédicos e outros 2 mil professores ou técnicos em educação. Vou explicar: à medida que conquistamos mais territórios, os professores e médicos mudam-se para as regiões conquistadas para atender à população e consolidar a conquista. Nós e os cubanos criamos escolas e hospitais, e nossos agentes políticos identificam os líderes locais para promoverem um mínimo de organização social, porque os gajos (referindo-se aos portugueses) fugiram de repente e deixaram tudo na bagunça."

Na manhã seguinte me levaram para conhecer as instalações da televisão angolana. Numa parede havia um grande mapa indicando a pequena área de cobertura da estação e a área a ser ampliada. Juntas, representavam menos da metade do território angolano. O diretor de jornalismo me contou que estava tentando criar alguns horários para jornais regionais, principalmente para seis dos dezesseis grupos étnicos que não dominavam a língua portuguesa. Estava enfrentando dificuldade para encontrar bons apresentadores nesses idiomas e, para piorar, alguns deles nem tinham linguagem escrita. Muito difícil.

O diretor-geral me esperava para a reunião na qual iríamos discutir a extensão dos direitos de exibição dos nossos programas para que pudessem ser veiculados em lugares onde antes não havia sinal de televisão. Optamos por um simples adendo aos velhos contratos, garantindo à TPA a gratuidade dessa extensão até atingir três quartos do território nacional. O diretor, entre espantado e aliviado, comentou que alguns países socialistas, aliados políticos do regime angolano, não estavam se comportando de forma tão solidária quanto nós, e queriam cobrar como se fosse uma venda nova. Solenemente, ele me ofereceu um puro café angolano e comentou: "Esse café é uma raridade que ofereço só aos amigos, porque é muito difícil conseguir. Essa guerra está a destruir todas as nossas plantações. Uma calamidade".

Depois dessa reunião, fui à embaixada brasileira, onde iria almoçar com o embaixador Rodolfo Souza Dantas. O diretor da televisão me levou e eu me sentia constrangido em fazer dele o meu chofer, mas não tinha outro jeito: não existiam mais táxis no país e quase não havia ônibus na cidade. "A guerra piorou o que já era ruim", disse-me.

Na embaixada, o recepcionista me atendeu todo sorridente: "Muito bom dia, senhor Ruberto. Globo, pois não? Mas não estou a reconhecer o senhor... Qual foi sua última nuvela?". Ficou decepcionado quando lhe disse que não era ator...

O embaixador, muito simpático, vestia uma calça branca de algodão e uma camisa polo azul: "Salve, seja bem-vindo! Fique à vontade, tire o paletó... Vejo que conseguiu sobreviver bem ao primeiro dia em Luanda. Parabéns, não é pra muitos... Vamos para a varanda enquanto esperamos o almoço. Quer um uisquinho?". Foram uns quinze minutos de delicioso papo. A vista do terraço para o mar era de 180 graus e não havia nenhuma nuvem no céu.

Dali via-se mais de uma dezena de cargueiros ao largo esperando um lugar para atracar no porto. "Eu fico aqui a ver navios... Aquele cinza, à direita, está esperando há quase um mês para descarregar. Bem, à noite, pelo menos, temos um monte de luzinhas dos navios para quebrar a escuridão."

Levei para o embaixador uma caixa com três LPs de músicas de Vinicius de Moraes que a Globo tinha produzido para dar de brinde em ocasiões como aquela. A caixa era muito bonita e mostrava na capa uma foto de Vinicius num grupo de família. O rosto dele se iluminou ao ver a capa: "Eu fui casado com essa moça aqui, a Suzana, Suzana de Moraes... ela é mãe do Paulo, o Tuca, meu filho. Nossa... que presentão!". Que coincidência, deus do céu. Eu nem sabia que o Souza Dantas tinha sido casado com uma das filhas de Vinicius.

Durante o almoço ele me contou um pouco sobre a vida em Luanda e reafirmou que o êxodo dos portugueses acabou com o pouco de organização que havia no país. "Luanda não tem nenhuma loja aberta. Não há onde comprar comida, roupa, nada. O que existe agora é o escambo. Não se usa mais dinheiro: semanalmente deixam aqui, na porta, frutas e hortaliças e nós pagamos com feijão, arroz e linguiça. Trazem-nos peixes, inclusive lagostas, e nós pagamos com uísque e chocolate que compramos na loja livre de impostos onde os diplomatas do mundo inteiro podem comprar. A maioria dos hotéis da cidade é administrada por empresas brasileiras, mas me contam que os serviços são muito deficientes." Pela experiência no hotel em que fiquei, concordei com ele enfaticamente.

"E você, meu caro, o que veio fazer por estas bandas?" Contei um pouco sobre as nossas negociações com a televisão angolana e disse que depois do almoço iria encontrar o ministro da Educação para saber o que estava sendo feito com a doação oferecida por Roberto Marinho para a criação da televisão educativa angolana. O embaixador ficou me olhando e, após refletir um pouco, falou: "Se eu fosse você, não iria". E me explicou por quê.

Em resumo, tempos antes, um ex-diretor de uma construtora brasileira havia apresentado ao presidente de Angola, José

Eduardo dos Santos, um projeto megalômano para a criação de uma rede de televisão educativa com a participação da Fundação Roberto Marinho e o apoio do próprio Roberto Marinho, que já teria doado quase todo o conteúdo ao canal. Junto da carta com a oferta de doação havia outra carta de Roberto Marinho, apresentando o tal fulano e dando-lhe permissão para tratar do assunto com as autoridades angolanas. Parece que esse fulano recebeu um gordo adiantamento e não fez nada. "Foi mais ou menos assim, quando cheguei aqui a coisa já estava rolando. Logo depois, vários diretores da construtora foram presos e alguns ainda estão presos. Não somente por esse negócio da televisão educativa. Os caras fizeram mil trampolinagens. Falando sério, se eu fosse você, não iria", repetiu Souza Dantas. Mas me ofereceu segurança: "Quer que eu mande alguém da embaixada com você? Pelo menos um carro da embaixada te leva e te espera". E, sorrindo, falou que se eu demorasse muito o motorista o avisaria... Aceitei a oferta.

Na recepção do Ministério me disseram que eu deveria ir ao sexto andar e que os elevadores não funcionavam. O ministro tinha saído e o vice-ministro me recebeu friamente, sem apertos de mão nem boa-tarde. Tomei a iniciativa, procurando demonstrar alguma segurança: "Venho do almoço com o embaixador brasileiro e estou estarrecido com as informações que recebi sobre a doação do dr. Roberto Marinho para a criação da televisão educativa angolana. Nosso pessoal do Rio não tem ideia do que está acontecendo aqui. Quero lhe afirmar que nós somos tão vítimas quanto os senhores. Ao que me parece, precisamos conversar e encontrar uma solução". Ficamos uns trinta minutos trocando opiniões sobre os fatos e ao final ele concluiu: "Minha impressão é de que não é hora de voltar ao assunto nem com o ministro nem com o presidente José Eduardo dos Santos. O melhor é deixar a cabeça esfriar. Pelo menos, baseado no seu relato, vejo que a Globo também foi vítima desses brasileiros". Nós nos despedimos, agora com aperto de mão.

Ao entrar no carro da embaixada que me levaria ao hotel, olhei meus pulsos para me certificar de que não estava algemado. Agora, sim, precisava de um uisquinho.

Na manhã seguinte, o pessoal da televisão me levou para visitar uma igrejinha toda branca, alguns quilômetros fora de Luanda, onde os prisioneiros africanos eram batizados e recebiam nomes portugueses antes de serem enviados como escravos para o Brasil. Na volta paramos num pequeno museu africano onde vi um velho berimbau e perguntei se sabiam o que era aquilo, mas nunca tinham ouvido falar em capoeira de Angola...

Macau

Nos primeiros dias de janeiro de 1984 recebi um e-mail de Macau, uma então colônia portuguesa na Ásia e hoje uma região autônoma da China. Informaram-me que em sessenta dias seria inaugurada a TDM – Teledifusão de Macau, um serviço público com parte da programação em português, parte em cantonês (a língua regional chinesa) e parte em mandarim (a língua oficial da República Popular da China). Pouca coisa seria produzida localmente além de telejornais, e queriam alguns dos nossos programas.

Nessa época, Macau era um lugar bem tranquilo – tranquilo até demais, segundo seus moradores portugueses. Só havia um certo burburinho perto do velho cassino, pequeno demais para tanta gente querendo jogar. Todos os dias chegavam aviões repletos de chineses residentes na Tailândia, Indonésia, Singapura, Malásia e outros países onde o jogo era proibido. Ficavam poucos dias na cidade e seus principais interesses giravam em torno do jogo. Havia também uma praça ao ar livre em forma de arena com um enorme painel que transmitia, aparentemente ao vivo, corridas de cavalo de muitas partes do mundo, como Estados Unidos, Reino Unido, Irlanda e Argentina. Sob esse painel, várias bilheterias para receber as apostas. O público, sentado na arena, usava pequenos auriculares presos às poltronas e ouvia, vibrando, a narração das corridas. E corria para apostar mais e vibrava de novo, num estado de excitação inacreditável e interminável. Macau se preparava para ser a grande Las Vegas do Oriente – hoje é sete vezes maior do que a Las Vegas do Ocidente, nos Estados Unidos, e o jogo, o turismo e as atividades afins representam 80% do seu PIB.

Quando entraram em contato comigo, eles já sabiam tudo o que queriam comprar: eram algumas novelas que haviam sido exibidas em Portugal e pelas quais só poderiam pagar um valor muito modesto. Enviaram todos os detalhes para a preparação dos contratos e avisaram que não precisávamos mandar nada, pois a RTP – Rádio e Televisão de Portugal já estava preparando as legendas em chinês, que lhes seriam entregues diretamente em Macau. Não seria necessário nem mesmo enviar os scritps.

Explicando melhor: na época, 5% da população de Macau falava português, e o governo de Portugal estava tomando várias medidas para preservar e fortalecer sua presença na colônia. O novo canal teria uma programação baseada nos programas da RTP, que era um serviço público, e contaria com o reforço das novelas brasileiras. Ao mesmo tempo, Roberto Marinho gostaria de atender a um pedido de apoio do embaixador português no Brasil em relação a essa iniciativa, que seria uma forma de defender a cultura e a língua portuguesa.

Os contratos logo ficaram prontos e faltava apenas a confirmação por escrito da RTP, que se responsabilizaria pela produção da legendagem e pelo pagamento do material e respectivo frete, na época itens de custo bastante elevado. As instalações da nova televisão eram simples, mas bem modernas. Tudo tinha sido planejado e supervisionado por técnicos da RTP de Lisboa, que havia capacitado os funcionários locais para tocar a coisa.

Fui a Macau a convite da Teledifusão de Macau para participar da cerimônia de inauguração dessa emissora, "sentinela da cultura portuguesa no Oriente". Eunice foi comigo, via Hong Kong, onde ficamos três dias para encontrar alguns agentes interessados em nos representar. De Hong Kong a Macau fizemos uma interessante viagem de uma hora e meia atravessando de *hovercraft* o delta do rio Cantão, viagem que atualmente pode ser feita de carro pela maior ponte do mundo sobre o mar, com 55 quilômetros de extensão.

Uma curiosidade: quase todos os habitantes de Macau falantes de língua portuguesa eram eurasianos, ou seja, mestiços de europeus e asiáticos. Num jantar com os diretores da televisão, todos cem por cento portugueses, eles comentaram que os primeiros colonizadores saíam de barco de Portugal, sozinhos, e, ao fazer escala em Malaca, na Malásia, era comum se casarem e chegarem a Macau casados com malaias. Isso explicava por que a maioria da população de língua portuguesa tinha olhos um tanto puxados e pele mais escura.

Nossa relação com a televisão de Macau foi longeva. Mesmo tendo sido devolvida à China, em 1999, a TDM criou um canal só em mandarim e cantonês, que são línguas chinesas, e manteve seu canal original em língua portuguesa, mesmo com uma porcentagem bem menor de falantes de português no agora estado autônomo, que cresceu muito e hoje atrai muita mão de obra vinda principalmente das Filipinas.

Antes de partirmos, comparecemos à missa solene em homenagem ao lançamento da TDM na igreja católica da Sé.

Tailândia

Para a Tailândia fui uma vez sozinho e outra com Eunice, sempre ficando num mesmo hotel, nem novo, nem luxuoso, mas razoavelmente central, um quase resort muito confortável, cheio de plantas, com quadra de tênis, piscina, um bom restaurante de peixes e frutos do mar e que vivia cheio de tripulações de companhias aéreas internacionais.

Nosso cliente nesse país do Sudeste Asiático era a Color TV. Nós vendemos para eles uma série de compactos de futebol, uma série do *Fantástico* e outra de musicais. Na primeira viagem, quando cheguei ao aeroporto, meu cabelo (eu ainda tinha cabelo) estava comprido e bem desalinhado, e levei um susto quando vi que o presidente da Color TV, que eu já conhecia de várias feiras, estava me esperando com uma pequena multidão de jornalistas com flashes e câmeras e ávidos por me entrevistar e filmar, e eu não sabia o que dizer.

Essa viagem foi um choque enorme para mim. Bangcoc é uma cidade onde a religião é muito forte e existe uma quantidade incalculável de templos construídos com grande variedade de estilos arquitetônicos. Na maioria deles havia sempre um espaço para homenagens a algum morto recente. As características do falecido ficavam expostas num estilo que lembra, mal comparando, um presépio: o gosto do finado aparece em miniaturas de carros, animais de estimação, comidas, atividades esportivas... E em qualquer lugar da cidade – loja, restaurante, escritório – existe pelo menos um oratório dourado preso a uma parede. Na Color TV havia um altar cheio de flores em qualquer lugar por onde se passasse – e na sala do presidente, uau, na parede, ao lado de um oratório, tinha uma enorme fotografia do Pelé.

Na primeira noite em Bangcoc, fui jantar sozinho num incrível restaurante japonês onde pela primeira vez comi o tal do bife Kobe. Depois do jantar, decidi caminhar um pouco pela área. Eu estava perto do hotel e um homem sorridente se aproximou e falou comigo. Entendi que era um dos recepcionistas do hotel e me senti seguro. Ele me perguntou se eu conhecia a cidade, se ofereceu para me mostrar alguns lugares e me levou a um bar onde imediatamente algumas jovens bonitas avançaram sobre mim, me empurrando para o balcão e todas falando ao mesmo tempo coisas que eu não entendia. Paguei uma rodada de falsas bebidas e saí correndo dali. Aí meu acompanhante me perguntou se eu queria conhecer um lugar sensacional onde eu iria ver as mulheres mais bonitas de toda a Ásia. Meio assustado, mas curioso – e ingênuo –, subi num tuque--tuque, uma moto para dois passageiros, coberta na parte de trás, e ele me levou para um lugar grande e cheio de norte-americanos gordões e bêbados. O lugar era barra-pesada. Da calçada vi uma espécie de aquário imenso e cheio de mulheres, todas muito jovens e bonitas. Ele me disse para escolher qual eu queria, que ela me faria massagem ou o que eu quisesse. Senti um misto de pena e nojo das meninas e um medo enorme de ser depenado. Eu disse que queria ir embora. Ele ficou bravo. Dei um dinheiro a ele e, por sorte, consegui um outro tuque-tuque e voltei ao hotel. Depois, fiquei sabendo do perigo que corri!

Quando fui com Eunice, a irmã do presidente da Color TV nos levou para tomar chá na casa de seu irmão e no caminho parou numa doceria. Descemos com ela e, surpresa, era uma loja de doces portugueses, como baba de moça e fios de ovos. "Hoje, consideramos esses doces como tailandeses, mas eles foram introduzidos aqui pelos portugueses, que tentaram nos colonizar mais ou menos na mesma época em que chegaram ao Brasil", disse-nos.

Fomos uma segunda vez à casa do presidente da televisão, agora para seu almoço de aniversário. A casa era moderna, de concreto aparente, e nesse dia, quando chegamos, já havia umas oitenta pessoas na sala, muitas delas sentadas em torno de uma mesa enorme, chiquérrima, e já comendo. "Poxa, nem nos esperaram..." Achei estranho, mas depois entendi que o costume era esse mesmo: as pessoas iam chegando, rendendo homenagens ao aniversariante e se sentando para comer, por sinal uma comida deliciosa e muito picante. Sem bebida alcoólica. Havia diversos oratórios ornados com flores espalhados pela casa.

Nessa viagem, ainda pensamos em comer nos barcos parados nos inúmeros canais da cidade, cuja comida é bastante elogiada, mas não tive coragem de experimentar. De qualquer jeito, é preciso dizer que a culinária tailandesa é muito especial!

Singapura
Como Mônaco, na Europa, Singapura é uma importante e rica cidade-Estado do Sudeste Asiático, com alto índice de desenvolvimento humano (IDH). Ela já foi colônia inglesa, esteve por algum tempo anexada à Malásia, foi ocupada pelo Japão durante a Se-

gunda Guerra Mundial e hoje é independente. Nela, o mandarim, o malaio, o tâmil e o inglês coexistem como idiomas oficiais. Eu me impressionei com o planejamento urbano lindo e impecável, que incluía quase metade da área da cidade coberta por vegetação e, ainda assim, havia novas terras sendo geradas por meio de aterramento marítimo.

O sistema de regras de convivência do país pode ser um tanto repressivo sob o nosso ponto de vista ocidental, mas a população o respeita e, com bom humor, apelidou a cidade de "*Singapore, a fine city*", o que é bastante irônico: a palavra *fine*, em inglês, tem vários sentidos positivos, como "bom" e "belo", mas também apresenta um sentido negativo, pois *fine* também quer dizer "multa". E em Singapura tem multa para tudo: jogar papel no chão, cuspir na rua, atravessar fora da faixa e muito mais. Por isso eles se divertem com esse duplo sentido da palavra *fine*: "Singapura, uma cidade bonita" e "Singapura, a cidade das multas".

Com essa cidade-Estado tivemos uma longa e agradável relação comercial nos bons tempos da televisão aberta. O sucesso de *Escrava Isaura* na China repercutiu em todo o Sudeste Asiático. Durante os mercados, nosso estande vivia cheio de malaios, indonésios e singapurianos, e o sucesso se irradiava até para a Oceania, com os australianos e neozelandeses que nos procuravam. Sonia Buenaventura, de origem filipina e chinesa e diretora de compras da televisão de Singapura, visitou nosso estande num Miptv e, depois das apresentações, contou que queria comprar *Isaura* e escolher e reservar outras duas novelas que tivessem Lucélia Santos no elenco. De preferência novelas nas quais Lucélia não usasse a correntinha com crucifixo no pescoço. "Somos um país multicultural e as religiões cristãs são uma minoria; parte do público poderia se ofender."

A correntinha com o crucifixo que Isaura sempre usava passou pela censura de Singapura, da Indonésia e da Malásia, todos com forte cultura islâmica, mas não pôde ser exibida em nenhum país árabe. Por muitos anos, Sonia manteve em seu currículo o feito do qual se orgulhava muito: o de ter conseguido levar *Escrava Isaura* para Singapura.

Malásia

Um pouco ao sul de Singapura fica a Malásia, estado multiétnico onde mais de 80% da população é malaia ou chinesa e onde a religião oficial é o islamismo, embora as outras religiões sejam aceitas e defendidas pela Constituição do país. A língua oficial é o malaio, e quase todos também falam inglês.

Quando estive lá, o país vivia um *boom* econômico incrível. Estavam construindo o prédio que seria o mais alto do mundo na época; a Petronas, companhia estatal de petróleo, começava a patrocinar mundialmente a escuderia Mercedes na Fórmula 1; e as várias regiões do país eram conectadas por magníficas rodovias. Em Kuala Lumpur, capital do país, grandes mansões coloniais inglesas conviviam em harmonia com arranha-céus totalmente envidraçados. Uma curiosidade: na porta de cada banco ou relojoaria, tal como um sentinela, havia sempre um segurança indiano, seguidor do siqueismo, uma das religiões com maior número de adeptos no mundo, sempre com um vistoso turbante, uma farda branca impecável e uma espingarda na mão.

Toda vez que penso em Kuala Lumpur, eu me lembro também do meu velho e grande amigo Roberto Camarinha, que sempre me dizia que um dia ainda queria conhecer a cidade "por causa do seu lindo nome". Não deixei de mandar um cartão da cidade para ele!

Cheguei em Kuala Lumpur numa sexta-feira à noite e meus primeiros compromissos seriam na segunda-feira. Meus planos para o fim de semana eram ambiciosos: queria visitar uma plantação de seringueiras e conhecer a cidade de Malaca, que nos séculos 17 e 18 foi uma importante base estratégica para a expansão portuguesa nas Índias Orientais e hoje é considerada Patrimônio Mundial da Humanidade pela Unesco. No final do século 19, o aventureiro britânico Henry Wickham, que vivia no Pará, contrabandeou para o hoje respeitável Kew Gardens, de Londres, milhares de sementes de seringueiras roubadas da região amazônica. Essas sementes foram levadas para regiões quentes do Sudeste Asiático, em especial para a Malásia, onde foram plantadas extensivamente e em pouco tempo transformaram o país no maior produtor de borracha natural do mundo.

A viagem foi agradável e interessante, mas não tão proveitosa quanto eu imaginava. Percorri muitos quilômetros ao lado das lindas plantações sem encontrar junto aos seringais nenhum museu da borracha ou pelo menos algumas informações sobre as origens da produção da borracha na Malásia. Ingenuidade minha. No Brasil as informações sobre as origens dos grãos de café contrabandeados via Guiana Francesa também não existem nas plantações de café!

Em Malaca, visitei no centrinho da cidade litorânea a igreja de São Paulo e ruínas de antigas fortificações militares construídas pelo império português. E almocei num restaurante com influência portuguesa bastante razoável e cheio de alegres turistas lusitanos.

A razão da minha ida à Malásia foi selecionar um agente para representar a Globo. Havia muitos candidatos e eu ia visitar quatro que tínhamos pré-selecionado. Não foi uma tarefa fácil, mas finalmente decidi por Ahmad Muhamed, cujas informações comerciais eram boas e me causou a melhor impressão. Visitei as principais emissoras de televisão com ele e sua filha. Todos queriam comprar mais ou menos as mesmas novelas, mas só uma estação aceitou exibir *Escrava Isaura* portando a correntinha com o crucifixo. Durante um longo período, Ahmad e sua filha desenvolveram um bom trabalho para a Globo no mercado malaio.

17.
O DIA EM QUE ROBERTO MARINHO SUMIU

Ele tinha 94 anos e a dona Lily, 78. E eles sumiram. Foi mais ou menos como vou contar.

O Miptv acontecia todos os anos em abril, no Palais du Festival de Cannes, no sul da França, e era o maior mercado de compra e venda de programas de televisão da Europa. Cresceu tanto ao longo do tempo que seus organizadores praticamente duplicaram o evento criando o Mipcom, muito semelhante, realizado no mesmo local, mas em outubro em vez de abril. A Globo costumava participar desses mercados, e, com um prestígio crescente devido aos programas que vinha vendendo no meio televisivo europeu, foi "descoberta" pela Reed Midem, a nova organizadora do evento, que decidiu homenagear Roberto Marinho.

Estávamos em abril de 1998. O principal executivo do Miptv/Mipcom me telefonou de Paris para sondar se Roberto Marinho aceitaria ir a Cannes para receber o prêmio de Homem do Ano. Procurei controlar meu entusiasmo e respondi que consultaria o Rio de Janeiro sobre isso ainda naquele dia. Ele fez algumas perguntas e ficou impressionado quando lhe disse que Roberto Marinho tinha recebido um título da Legião de Honra do governo francês e engoliu em seco ao ouvir que ele já havia passado dos noventa anos de idade. "Ele ainda viaja? Tem certeza de que poderá vir?", perguntou.

Liguei imediatamente para Roberto Irineu para dar a boa notícia. Ele ficou exultante e me garantiu que dr. Roberto ficaria muito feliz. "Mas vamos manter segredo até chegar o convite oficial, certo?" E assim fizemos.

Silio Boccanera e eu fomos ao pequeno e charmoso aeroporto de Cannes esperar o ilustre homenageado e sua esposa, dona Lily, que viajavam acompanhados de Cláudio Mello e Souza, assessor da presidência. O casal chegou com um ar descansado, mesmo tendo saído do Rio umas quinze horas antes e trocado de avião em Paris. Eles nos cumprimentaram sorridentes e Roberto Marinho disse, surpreso, ao Silio: "Ah, que bom que você também veio. Espero não dar muito trabalho na minha estada aqui". A mim, já foi dando ordens, do jeito dele: "Filippelli, se não for incômodo, gostaria de ter uma reunião com você às cinco e meia. Quero tomar pé das coisas e gostaria da sua ajuda para escrever uma carta ao Silvio Berlusconi em italiano". Silvio Berlusconi tinha sido o homenageado do ano anterior e suas relações com a Globo não eram das melhores desde que Berlusconi comprou a Retequattro e a Globo, a Telemontecarlo. Nossa reunião foi rápida. Dr. Roberto já tinha escrito um esboço da carta e só faltava conferir alguns detalhes.

Às sete da noite eu estava na recepção pegando a chave do quarto para uma chuveirada rápida e recebi um recado de Roberto Irineu confirmando um jantar com o pessoal da MGM e outras grandes produtoras norte-americanas em Mougins, uma pequena e charmosa cidade perto de Cannes, onde havia vários restaurantes estrelados. O cardápio à base de peixe e frutos do mar foi precedido por champanhe e seguido por um bom Chablis, e lá pelas onze da noite, quando já estávamos no segundo armanhaque e os gringos acendendo seus Cohibas cubanos autênticos (apesar do embargo), Roberto Irineu comentou alto: "Estou com pena do Cláudio, jantando com papai e dona Lily na suíte do casal, comendo um bifinho sem graça com água sem gás". Todos riram e Roberto Irineu repetiu a história, ainda acrescentando: "Coitado do Cláudio, imagino o tédio".

Na volta para o hotel, por via das dúvidas, fomos checar como estava o casal. Na recepção ninguém sabia deles. As chaves do quarto estavam no escaninho, sinal de que tinham saído. As chaves do Cláudio não estavam no escaninho, sinal de que Cláudio estava no quarto. Já era quase meia-noite e eles haviam saído a pé, sem carro. Um olhou para o outro com os olhos preocupados. "Porra, cadê o 'Mais Velho'?" – "Mais Velho" era o apelido carinhoso pelo qual nos referíamos a Roberto Marinho e que também significava "aquele que manda".

Acordamos o Cláudio. Ele disse que Roberto Marinho e dona Lily tinham saído sozinhos. "Eu fiquei aqui e ja ntei no restaurante do hotel." Em cinco minutos Cláudio já estava conosco, no saguão, tentando montar uma estratégia para encontrar o casal. Todas as sugestões clássicas, como procurar no hospital e na polícia, foram descartadas: nada de escândalo, pelo amor de deus. Ficamos na porta do Hotel Carlton olhando para todos os lados da rua e pensando no que fazer. Já era quase uma da manhã e... nada. Até que Cláudio avistou um pontinho lá longe caminhando em direção ao hotel. "Olha lá, olha lá! Acho que são eles." Mais alguns segundos e confirmamos: eram eles. Vinham de mãos dadas, sorridentes e trocando beijinhos. Ainda estavam em lua de mel. "A noite estava tão agradável que saímos caminhando em direção ao porto, onde escolhemos um lugarzinho para comer e conversar. Até tomamos uma tacinha de champanhe", disseram.

Na manhã seguinte, às nove horas, quando cheguei ao estande ainda pouco movimentado da Globo, Roberto Marinho já estava lá conversando com alguns funcionários, procurando se informar sobre o interesse dos compradores em relação aos programas que havíamos levado. Eu carregava comigo a versão italiana da carta para Berlusconi e sugeri a ele que entrássemos na sala de reuniões para dar uma última revisada.

Aproveitei para comentar que vários jornalistas, em especial italianos, presentes em grande número no evento, se assanharam ao saber da sua presença. Talvez fosse o caso de ele ficar resguardado na salinha de reunião, pois os jornalistas estavam todos lá fora para lhe fazer perguntas sobre a Telemontecarlo, que andava mal das pernas e, dizia-se, estaria à venda. Ele olhou para mim e disse: "Se eu não falar com eles, o que eles vão escrever sobre o assunto? Sou jornalista, não tem sentido eu fugir de jornalistas. Vou conversar com eles em português e você, por favor, traduza o que eu disser. Assim eu ganho um pouco de tempo para pensar". Nunca tinha levado um pito tão elegante e tão firme.

Até então, Roberto Marinho era o único homenageado do Miptv que não tinha chegado a Cannes no seu próprio avião, mesmo porque não possuía avião. Levou um só convidado especial para a cerimônia, um amigo senegalês, diretor-geral aposentado da Unicef. Foi também o único que não falou de negócios no discurso oficial de agradecimento: falou da sua juventude, da sua primeira viagem à França, das caminhadas à beira do Sena, da alegria de estar ali com dona Lily, que crescera na França e com quem tinha se casado poucos anos antes.

Alguns norte-americanos ficaram decepcionados. Esperavam que ele falasse, por exemplo, das novas perspectivas do mercado globalizado ou da estratégia de crescimento da Globo em face das novas mídias e tecnologias. Já meus amigos europeus gostaram da singeleza do discurso: "Finalmente um pouco de calor humano".

Faltavam ainda dois dias para terminar o Miptv e Roberto Marinho sumiu de novo, mas dessa vez ninguém se preocupou. Ele alugou um carro com motorista e foi circular com dona Lily pela região. Nesse dia, eu estava almoçando com alguns clientes no restaurante do hotel quando vi Malu Mader acenando e sorrindo para mim a poucos metros da minha mesa. Ela tinha vindo especialmente para prestigiar Roberto Marinho na entrega do prêmio. Fui até ela. "Eu queria conhecer o mercado do Miptv, mas não sei como entrar. Você pode me ajudar?" "Claro, estamos terminando o almoço. Toma um cafezinho conosco e eu te levo", falei com a voz provavelmente trêmula. Antes de sairmos, liguei para o nosso estande e pedi que arranjassem um crachá para *madame*

Mader e pegassem um pôster dela, que estava na sala de projeção, e o pendurassem na parede externa do jeito mais visível possível.

Mesmo vestindo uma calça jeans e uma blusa branca, caminhando pelos corredores entre desconhecidos, Malu não deixava dúvidas de que era uma grande estrela. Quando chegamos ao estande da Globo, o pôster já estava na parede de fora e todos os monitores exibiam cenas da novela *Fera Radical*, estrelada por Malu. Um sucesso. Todo mundo queria falar com ela, pedir autógrafo ou simplesmente ficar parado olhando para aquela mulher linda e simpática.

Hora de voltar para casa. No saguão do aeroporto, os homens estavam sem suas gravatas e as mulheres, de jeans e mocassins. Fui até o Duty Free, quando vi sabe quem? Dona Lily experimentando perfumes e o "Mais Velho" olhando carteiras de couro com desconto. Iam pegar o mesmo avião que eu para Londres e lá trocar pelo avião da Varig para o Rio. Eles estavam viajando sem nenhuma mordomia, sem nenhum apoio – apenas com Cláudio Mello e Souza, que, no avião, se sentou comigo na fileira da frente. Ficamos batendo um ótimo papo sobre o tempo em que ele havia trabalhado para a revista *Manchete* em Paris. Conversa vai, conversa vem, ele me contou que Roberto Marinho tinha comentado com ele que sentia grande apreço por mim, mas que eu ainda precisava aparar algumas arestas.

Gostei. Vou tratar de manter minhas arestas bem afiadas, prometi a mim mesmo!

18.
THE END

Estamos em outubro de 1998. Cheguei há pouco ao Mipcom, em Cannes, e fui direto ao Palais du Festival para verificar se estava tudo correndo bem na montagem do nosso estande. Fiquei feliz com o que vi: os monitores estavam todos instalados e testados; os videocassetes e o material de divulgação enviados do nosso escritório de Londres chegaram bem; as reuniões de trabalho já estavam todas agendadas e os restaurantes para os almoços de trabalho, reservados. Nossa equipe está jogando um bolão. Só eu é que estou cansado dessa rotina.

Essa era a quadragésima nona vez que eu viajava a trabalho para a esplêndida Costa Azul francesa. Eu estava com 62 anos e trabalhava na Globo havia 22. Nem percebia mais o luxo e a imponência dos hotéis e o requinte da culinária francesa, mas confesso que a cor do mar Mediterrâneo e a areia branquíssima ainda me comoviam.

O mercado vinha mudando pouco a pouco. Primeiro, começaram a surgir as televisões privadas, comerciais, que atraíram grandes investidores, em especial empreiteiras e grupos financeiros. Depois chegaram as redes via satélite ou cabo. Os antigos diretores de produção e de programas costumavam ter sua base cultural ligada ao cinema, ao teatro e às comunicações e foram sendo substituídos por especialistas em administração ou finanças. Quando me dei conta disso, fiquei perplexo. Estaria chegando o momento de parar? Ou de mudar?

Ainda bem que ia jantar com Jaume Santacana, ex-diretor de programas da TV3 e então diretor de uma próspera produtora catalã. Havia anos que, um dia antes do Miptv ou do Mipcom começarem, reafirmávamos um velho compromisso de jantar juntos no Gaston & Gastounette, um restaurante de peixes próximo do Palais. Todo os anos nos sentávamos na mesma mesa, quase sempre pedíamos o mesmo cardápio de frutos do mar fresquíssimos e o mesmo vinho branco. Brindávamos a nossa grande amizade.

O primeiro dia do mercado começou bem. Já às dez da manhã as nossas três salinhas de projeção estavam ocupadas. Numa delas, os angolanos selecionavam duas telenovelas. Eles gostavam de histórias alegres e até caricatas, como *Rainha da Sucata* ou *O Bem-Amado*. Em outra salinha estavam os indonésios e malaios que o nosso agente Ahmad tinha levado e que já haviam comprado *Cabocla*, *Sinhá Moça* e *Dancin' Days*. Na terceira sala estava o pessoal da Globosat, que costumava pegar uma carona no nosso estande. Na salinha de reunião, o pessoal do Banff Mountain Film Festival, do Canadá, tentava nos convencer a participar do próximo encontro, em junho. Pouco depois, um grupo alegre de escandinavos passou para confirmar presença no *happy caipirinha hour* das seis da tarde, que já era tradicional.

Eu tinha um encontro enigmático marcado com o novo diretor de programação da então recém-privatizada TF1 francesa. Ele havia pedido uma reunião privada, fora do Miptv, às quatro da tarde no bar do Hotel Majestic. Antes de sair para encontrá-lo, consultei sua ficha: a TF1 tinha comprado algumas novelas nossas, mas o horário que havíamos conseguido abrir na programação vinha sendo ocupado por uma série norte-americana. Novas vendas não pareciam estar no horizonte. Nota importante: estavam bem atrasados nos pagamentos.

Foi um encontro estranho. Quem nos visse poderia pensar que ele era meu filho, ou melhor, meu novo genro, dado o tom cerimonioso da conversa. Ele tinha decorado bem o seu script. Contou que agora havia novas normas para o fornecimento de filmes e programas à TF1 e que pediam exclusividade ou pelo menos prioridade para o mercado francês, sem nenhuma contrapartida. Disse que queriam nossos programas, mas mais para a frente, no momento não comprariam nada. Quanto à dívida antiga, informou-me que nos próximos trinta dias teria condições de nos fazer uma proposta de reescalonamento dos pagamentos. Ou seja, o verdadeiro objetivo do jovem executivo era só esticar a pendura com a nada sutil ameaça de não comprarem mais de nós se fôssemos duros na cobrança.

"Hum...", pensei com meus botões, "acho mesmo que está na hora de mudar de ares e tentar fazer outra coisa. Daqui para a frente terei que enfrentar outros jovens executivos agressivos e arrogantes como esse, que estão povoando as novas grandes emissoras privadas."

Alguns meses depois, fui ao Rio para algumas reuniões e, um dia, me sentei com Roberto Irineu para conversar e contei a ele do meu encontro com o jovem executivo da TF1. "E daqui para a frente", disse-lhe, "com essa onda de novos canais privados, isso vai piorar. Todos os novos diretores serão como ele: jovens, agressivos, arrogantes, vindos de uma escola de administração ou de uma empresa de consultoria onde foram criados para analisar números, otimizar resultados e coisas do gênero, sem ideia do que é e de como funciona uma empresa de criação, uma televisão. Nenhum deles com formação em cinema, artes cênicas ou mesmo comunicações." E continuei: "Talvez seja o caso de também colocar um jovem no meu lugar. Deve ter outras coisas com que eu possa colaborar com a Globo".

"Filippelli, lembra de uma conversa que tivemos? Em duas ou três semanas o Jorge Adib se aposenta e você assume a direção-geral da Divisão de Vendas Internacionais", disse-me Roberto Irineu.

Mas não era isso que eu queria. Na verdade, nem eu sabia o que queria. Mas devia existir outra coisa para eu fazer na Globo além de, a essas alturas da vida, dirigir aquela grande divisão. Enfim, Roberto Irineu se convenceu de que aquele papel não seria para mim – um pouco depois, escolheu um novo executivo para a Divisão de Vendas Internacionais. Para mim, criou o cargo de vice-presidente para Assuntos Internacionais. Tive uma breve passagem por esse cargo, não chegou a um ano, mas estava mesmo na hora de trocar de ares. Fui desligado e o distrato com a Globo foi assinado em 28 de fevereiro de 1999.

THE END **209**

CRÉDITOS

COORDENAÇÃO GERAL: Mary Lou Paris

PREPARAÇÃO DE TEXTO: Erika Nakahata

REVISÃO: Adriane Piscitelli

PROJETO GRÁFICO, DIAGRAMAÇÃO E CAPA: Nick Bartolucci
www.threedotsperinch.com -London

FOTOS: acervo pessoal de José Roberto Filippelli, exceto a foto da capa ©BrAt82/Adobe Stock

CIP-BRASIL. CATALOGAÇÃO NA PUBLICAÇÃO
SINDICATO NACIONAL DOS EDITORES DE LIVROS, RJ

F516m

Filippelli, José Roberto, 1937-
    A melhor televisão do mundo : meus tempos de Globo na Europa / José Roberto Filippelli ; colaboradora Mary Lou Paris. - 1. ed. - São Paulo : Terceiro Nome, 2021.
    212 p. ; 23 cm.

ISBN 978-65-87618-11-1

1. Filippelli, José Roberto, 1937-. 2. Publicitários - Biografia - Brasil. 3. Telenovelas - Brasil. 4. TV Globo. I. Paris, Mary Lou. II. Título.

21-68927   CDD: 926.5910981
                                  CDD: 929.659.1(81)

Camila Donis Hartmann - Bibliotecária - CRB-7/6472

26/01/2021   27/01/2021

COPYRIGHT © JOSÉ ROBERTO FILIPPELLI 2021

Todos os direitos reservados à

EDITORA TERCEIRO NOME
Rua Prof. Laerte Ramos de Carvalho, 159
Bela Vista – São Paulo (SP) – 01325-030
www.terceironome.com.br
formulario@terceironome.com.br
Fone +55 11 32938150

Este livro foi composto em Utopia 12/15.6 e
impresso em papel Pólem Soft 80 gr/m²
pela Melting Color, em Fevereiro de 2021.